W0395467

BELTZ Lern-Trainer

Norbert Eickmann / Wolfgang Endres /
Heinrich Janak

Lernen mit Kniff und Pfiff

Kleine Lernmethodik
9 – 13 Jahre

6. Auflage

Beltz Verlag · Weinheim und Basel

Wissenschaftliche Beratung: Heinrich Janak
Gesamtkonzeption: Wolfgang Endres

Die Deutsche Bibliothek – CIP-Einheitsaufnahme

Eickmann, Norbert: Lernen mit Kniff und Pfiff : kleine Lernmethodik ; 9–13 Jahre / Norbert Eickmann ; Wolfgang Endres ; Heinrich Janak. [Wiss. Beratung: Heinrich Janak]. – 6., unveränd. Neuausg. – Weinheim ; Basel : Beltz, 1994
(Beltz Lern-Trainer)
ISBN 3-407-38015-1
NE: Endres, Wolfgang:; Janak, Heinrich:

6., unveränderte Neuausgabe 1994

Lektorat: Peter E. Kalb, Ingeborg Strobel

Herstellung: Klaus Kaltenberg
Satz: Sigg-Set, Waldshut
Druck: Druckhaus Beltz, Hemsbach
Umschlaggestaltung: Zembsch' Werkstatt, München
Umschlagzeichnung: Hilde Adamczyk
Zeichnungen: Markus Olivieri
Printed in Germany

ISBN 3-407- 38015-1

Inhaltsübersicht

Die 7-Punkte-Konzeption

Auf ein Wort an die Eltern

Wissen ist krisenfest, ständiges Lernen eine Notwendigkeit. Lernen ein lebensnotwendiger und lebenslanger Prozeß. - Sehr weise! Und wann fängt man am besten damit an? Wann lernt man eigentlich das Lernen? Auf dem Gymnasium, der Universität oder im Beruf?

1. Lernvoraussetzungen: Planen und Ordnen

Wir meinen, daß sich bereits das Kind in der Grundschule Lerngewohnheiten aneignet, die entweder die Basis für methodisches Lernen bilden - oder dieses verhindern. Wichtige Lernvoraussetzungen wie Planen und Ordnen sind nicht erst Aufgabe oberer Klassenstufen. Daher wollen wir mit diesem Buch Schülerinnen und Schüler ab 9 Jahren erreichen. Wir möchten sie dazu bringen, Lernprobleme mit Hilfe einfacher Arbeitstechniken besser lösen zu können.
Der Sinn der Übungen in diesem Buch besteht darin, Eigeninitiativen herbeizuführen und die Übertragung auf die konkrete eigene Lernsituation zu ermöglichen.

2. Lernziel: Selbständigkeit

Unser besonderes Anliegen heißt Hinführen zur Selbständigkeit. Selbständigkeit deshalb in erster Linie, weil die Lernbereitschaft vom Kind ausgehen muß. Denn die Leistung des Kindes läßt sich nicht erzwingen. Denken Sie nur an die Spannung und Konflikte, die das Miteinander in der Familie stören und oft Ursache für einen weiteren Leistungsabfall sind.
Daher schielen wir hier nicht von vornherein auf die Mithilfe der Eltern. Im Gegenteil: Sie sollten sich bei den Übungen bewußt zurückhalten.

3. Hausaufgabeneinteilung und Klassenarbeitsvorbereitung

Ihr Kind muß selbst erfahren, wie es am besten lernt. Ob es Probleme mit der Hausaufgabeneinteilung oder Klassenarbeitsvorbereitung hat, ob es gegen Konzentrationsschwierigkeiten oder Prüfungsangst kämpfen muß oder ob es als "stinkfaul" gilt. (Ein durchaus ernsthaftes Problem: Faule Kinder sind immer auch unglückliche Kinder!) Und schließlich gehört das heikle Thema der Motivationsfrage hierher.
Können solche Aufgaben überhaupt ohne Mithilfe der Eltern erfüllt werden? Sind Sie nicht gerade in erster Linie für die Intelligenzentwicklung und die der Begabung entsprechende Schulbildung Ihrer Kinder zuständig? Gewiß - aber gerade deshalb ist es so wichtig, die Detailarbeit dem Kind selbst zu überlassen. Die Haltung "Ohne mich schafft das Kind das gar nicht" verhindert geradezu selbständiges methodisches Arbeiten.

Dieses Buch will das Kind ohne zusätzliche Fremdhilfe in diese Richtung fördern. Gelingt dies nicht, muß das nicht am Kind liegen. Es kann auch sein, daß wir Autoren unsere Aufgabe nicht erfüllt haben.

4. Lerntraining: Konzentration und Intelligenz

Kann ein Buch solchen Ansprüchen gerecht werden? – Wir denken ja. Das beginnt damit, daß wir die Trainingselemente zur Steigerung der Konzentration, Kondition, Intelligenz, Kreativität, des logisch-analytischen Denkens und des mathematischen Vorstellungsvermögens nicht als abstrakte Lerneinheiten in abstrakten Funktionen anbieten, sondern mit konkreten Problemlösungsstrategien an den Interessen und der Vorstellungskraft des Kindes anknüpfen.

5. Lernstrategien und -techniken: Der Blick für das Wesentliche

So kann sich der Schüler z.B. in Kurzkrimis als Detektiv betätigen, der Rechtschreib-, Grammatik- oder Rechenfehler aufspüren soll. Hierbei dienen ihm Telefonbuchseiten, Stadt- und Fahrpläne als unauffällige Hilfsmittel, die ein Analysieren genauso ermöglichen wie ein Strukturieren der einzelnen Lösungsschritte. Der Schüler lernt Wichtiges von Unwichtigem zu trennen, das Wesentliche zu erkennen, Abstraktes in Konkretes umzusetzen und umgekehrt.
Oder er erfährt an einem Backrezept (das er übrigens ausprobieren soll!), in welche Schritte sich ein Arbeitsablauf, etwa bei einem Aufsatz, gliedert:
1. Arbeitsschritte festlegen
2. Richtige Reihenfolge beachten
3. Material besorgen und bereitstellen
4. Arbeitsgeräte vorbereiten
5. Übersicht behalten
6. Produzieren und servieren
7. Ergebnis genießen
Weiterhin lernt der Schüler durch unterhaltsame Rätsel mit Lösungshilfen einzelne Arbeitsschritte kennen, auch bei schwierigen Textaufgaben den Überblick zu behalten. Er erfährt, wie er die "Verwirrungstaktik" mancher Textaufgaben besser durchschaut, wie er bei der Lösungsfindung systematisch vorgeht und schließlich, wie er sich die Aufgabe veranschaulicht und stets vor Augen hält, was überhaupt gefragt ist.
Der junge Leser muß nicht passiv bleiben, sondern er kann die Freude am aktiven und entdeckenden Lernen selbst erfahren und unmittelbar erleben.
Es stellen sich Erfolge ein, die Freude, Zuversicht und Selbstvertrauen bringen. Diese motivieren zu weiterem Lernen und verbessern die Schul- und Lernleistungen. Hierbei geht es nicht um Höchstleistungen, sondern um eine angemessene Förderung.

6. Lernmotivation: Stärken- statt Schwächenanalyse

Das aktivierende Lernen am Erfolg, die Hinführung zur Stärkenanalyse, das konsequente Zurückstellen der in der pädagogischen Praxis permanent dominierenden Fehler- und Schwächenbetonung werden unterstützt durch die Anerkennung des Kindes als eigenständige Persönlichkeit.

So zeigen Pfiffix, die pfiffige Maus oder Kniffix, der gar nicht so dumme Esel, in Detektiv- und Spukgeschichten, Comics, Rätseln oder Denksportaufgaben den Übergang vom spannenden außerschulischen Lernen zum häufig trockeneren schulischen Lernen. Dazwischen kurze einprägsame Merksätze in kindgerechter Sprache: Es darf auch gelacht werden – unter Lachen leidet Lernen nie!

7. Lernerfolg: Praxiserprobte Konzeption

In zahlreichen Kursen und Seminaren mit über 10 000 Schülern haben wir beobachtet und Erfahrungen gesammelt, wie selbständig und systematisch Kinder arbeiten können, wenn man sie nur läßt, d.h. wenn man sie vorher richtig dazu anleitet. Wir wissen, wovon wir sprechen, wenn wir Kinder aus ihren Lernschwierigkeiten heraus nicht nur zu besserem Lernen, sondern auch zu besserer Lebensbewältigung verhelfen wollen.
Ganz bewußt haben wir bei der praxiserprobten Konzeption darauf verzichtet, lediglich eine neue Variante der zur Genüge bekannten Pauk-, Nachhilfe- und Lernhilfebücher zu erstellen.
Wir saßen nicht am Schreibtisch, um in Mußestunden – wissend was für Kinder gut ist – schlaue Ratschläge auszuknobeln, sondern vielmehr haben sich Hunderte von Schülern als die eigentlichen Autoren betätigt. (Wir haben lediglich gesammelt, ausgewählt, geordnet und verpackt.)

Wir danken den vielen, vielen kleinen Autoren für ihre Hilfe und schließen uns Pfiffix und Kniffix an: "Erfolg ist lernbar!"

Diese Erfahrung wünschen wir auch Ihrem Kind. Helfen Sie mit, indem Sie weniger mithelfen!

Aller Anfang
ist leicht,
wenn ich's richtig
anpacke.

1 In Siebenmeilenstiefeln über Lernhindernisse

Oder: Wie du dieses Buch benutzen solltest

"In der Klasse müssen wir mal ordentlich sieben!" Falls ein Lehrer mit solchen Sprüchen seinem Zorn über faule Schüler Luft macht, meint er mit diesem "Sieben" ganz bestimmt nicht die Zahl Sieben, die so voller Geheimnisse steckt.
Wieso geheimnisvoll, wirst du fragen. Nun, dieses Buch enthält ein besonderes Geheimnis der 7. Es gehört zwar nicht zu den 7 Weltwundern; es bringt dich auch nicht in den 7. Himmel; bei den Hausaufgaben wirst du auch nicht 7 auf einen Streich erledigen können; es wird auch nicht alle Siebenschläfer aufwecken; es ist auch kein Märchenbuch mit 7 Geißlein oder 7 Zwergen, sondern es zeigt dir in 3 x 7 Etappen, wie du schneller in Siebenmeilenstiefeln über alle 7 Berge zum

Spielen oder zu deinen Freunden kommst. Natürlich brauchst du schon etwas Geduld, auch Rom (auf 7 Hügeln!) wurde nicht in 7 Tagen erbaut.

Ein Buch, bei dem man nicht richtig durchblickt, nennt man ein "Buch mit 7 Siegeln". Dieses Buch aber will dir 7 Schlüssel geben, mit denen du an jedem Tag der Woche (schon wieder 7 mal!) die Türe zum Erfolg aufschließen kannst. Und da du nicht an 7 Tagen Hausaufgaben machen sollst, geht es auch um andere wichtige Dinge wie Spielen, Sport und Freizeit.

Es wäre toll, wenn dieses Buch ab jetzt zu deinen Siebensachen gehört. Wie dieses Buch aufgebaut ist und wie du mit diesem Buch am besten arbeitest, sagen dir folgende 7 Punkte:

7 Schlüssel zum Öffnen dieses Buches

1. Zu jeder Etappe gehören eine spannende oder lustige Geschichte, 7 Merksätze, die das Wichtigste zusammenfassen und eine Konzentrationsübung.

2. Arbeite an einem Tag höchstens eine Etappe durch. Du kannst eine Etappe aber auch über mehrere Tage verteilen.

3. Das Buch ist kein Pflichtprogramm. Wenn du keine Lust hast, in diesem Buch zu arbeiten, laß es ruhig ein paar Tage liegen.

4. Wenn du eine Etappe gemeistert hast, kannst du einige Punkte auf deiner "Erfolgskurve" verbuchen, die du auf Seite 159 findest. Nach jeder Etappe erfährst du, welche Zahlen du miteinander verbinden sollst: Punkt für Punkt, Schritt für Schritt eroberst du die Sieger-Urkunde.

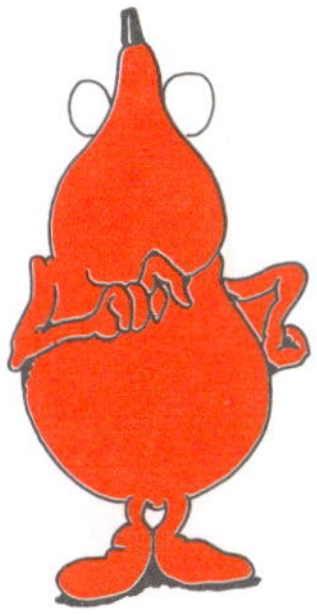

5. Wenn du einen besonders guten Satz in diesem Buch entdeckst, male ihn mit dikken Filzschreibern auf einen großen Zettel und hänge ihn als Lernplakat an deinen Arbeitsplatz. Wie wär's mit diesem Spruch?: "Aller Anfang ist leicht, wenn ich es richtig anpacke!"

6. Bevor du mit den Hausaufgaben beginnst, kannst du dich mit einer Konzentrationsübung "warmlaufen". Am besten legst du dir eine kleine Sammlung von Rätseln und Denksportaufgaben an (Kinderseite von Wochenendbeilagen eurer Zeitung, Rätselzeitschrift für Kinder).

Wenn du jeden Tag fünf Minuten für eine kleine Konzentrationsübung opferst, gewinnst du mindestens 10 Minuten Freizeit, weil du deine Hausaufgaben dann konzentrierter und schneller schaffst. (Willst du das nachher mal mit der ersten Übung testen?)

7. Ja, und dann sind hier noch Pfiffix und Kniffix, deine neuen Freunde! Sie kennen viele deiner Sorgen und Nöte mit der Schule und dem Lernen:

Beim Lernen sitzen wir im selben Schiff.
Keiner von uns beiden ist schon ein Genie.
Doch schaffen wir vergnügt mit Kniff und Pfiff.
Mach mit, lach mit, denn unter Lachen leidet Lernen nie!

Das Fahnenrätsel

Finde sechs Wörter mit jeweils sechs Buchstaben und trage sie waagrecht in die Fahne ein (Ä= 1Buchstabe).
Wenn du alles richtig ausgefüllt hast, so ergeben die dick umrandeten Felder die Bezeichnung für deinen täglichen Arbeitsplatz . . .

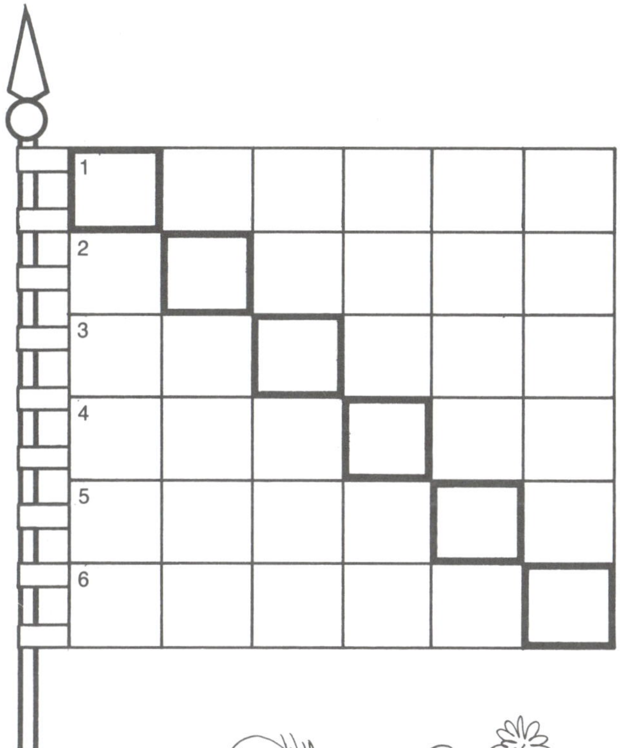

Nur die folgenden Buchstaben darfst du verwenden:
A A A A Ä B C E E E E E E F G H H I I L L L L M N N N P R S S S T T T U

Die Wörter:
1. Mädchenname
2. Gefäß, in das man z.B. Obst legt
3. Monatslohn eines Angestellten
4. Erlebnisse im Schlaf
5. ein anderes Wort für Ruhe
6. Haushaltsgerät zum Braten

Lösung:

[redacted]

Und nun verbinde noch die Punkte 1–8 (auf Seite 159) miteinander.

Ich bin gut,
auch wenn ich's
in der Schule
nicht bin.

2 SOS – Ich hänge fest

Oder: Schritt für Schritt zum Anfangserfolg

"Mayday, Mayday . . ."
Augenblicklich herrschte Totenstille im Kontrollturm, als dieser Funkspruch über den Lautsprecher kam. "Mayday, Mayday . . .", der Funkspruch für ein Flugzeug in höchster Not. Alle, die den Funkspruch hörten, hielten den Atem an, bereit sofort zu helfen, den Kurs zu ändern, alles zu tun, um eine Katastrophe zu verhindern, Menschenleben zu retten.
"Mayday, Mayday . . .". Bill Bradley, an dessen Kontrolltisch der Funkspruch zuerst gehört wurde, standen die Schweißperlen auf der Stirn. Der übrige Funkverkehr ruhte. Der Chef vom Dienst war in den Kontrollraum gekommen und hatte die Leitung übernommen. "Mayday, Mayday . . ." Was war los?
"May . ." die Funkverbindung war äußerst schlecht. "Funkbrücken", war die knappe Anweisung des Chefs. "Stehen", die kurze Antwort. "Instrumente ausgefallen, Navigation nicht mehr möglich". Die Stimme aus dem Lautsprecher klang angespannt aber ruhig. Wieder war die Funkverbindung unterbrochen und nur Rauschen war zu hören. "Verliere an Höhe; Versuche Notlandung. Position . . ." Stille. Nur das Krachen und Knacken des Lautsprechers war zu hören. Bill Bradley fluchte wild, der Chef kaute nervös an seiner Pfeife. Alle hatten noch das "Mayday, Mayday . . ." im Ohr.

"Da stöhnt jemand. Ich kann es ganz deutlich über Kopfhörer hören", rief Rad. "Filtern" gab der Chef als Anweisung. Von den Nachbartischen hörte man die dauernde Aufforderung: "Bitte melden, bitte antworten Sie! Flugzeuge im Einzugsbereich bitte Beobachtungen an Tower!" Das Stöhnen war jetzt ganz deutlich zu vernehmen. "Verdammt, warum nimmt der nicht sein Mikro . . ." „Hoffentlich gibt er bald die Position durch", meinte Brad. "Wenn er noch kann" sagte ein anderer. Eisiges Schweigen herrschte im Raum. Ein Pilot ist so lange als lebend zu betrachten, bis man ihn gefunden hat, das ist ungeschriebenes Gesetz. "Überprüfung sämtlicher in unserem Luftraum befindlichen Maschinen, feststellen, welche Maschine überfällig ist. Suchflugzeug startklar machen". Viel Zeit war nicht mehr; in drei Stunden

würde es dunkel sein, tiefe dunkle afrikanische Nacht, mit all den Gefahren, die die Wildnis mit sich bringt.
Nach einer knappen Stunde wußte man, daß das Flugzeug David Toffle gehörte, dem Sohn eines Zuckerrohrfarmers. Gestartet war es etwa 200 Meilen nördlich des Kontrollturms. Der Chef hatte die Unterlagen über David Toffle vor sich liegen: David Toffle, 17 Jahre, Hobby: Fliegerei und Klavierspielen. Ausgezeichneter Schüler und Schwimmer. Schule: Hilton College. Teilnahme an mehreren Abenteuerkursen. Hat sich in Streßsituationen bewährt, handelt klug und umsichtig, keinerlei Tendenz zu Panikreaktionen. "Hoffentlich stimmt wenigstens ein Teil dessen, was da steht", brummte der Chef. David war gestartet, um einem Farmnachbarn Saatgut zu bringen. Noftfallausrüstung, Wasservorrat, Arztkoffer und Fallschirm waren an Bord.
David stöhnte. Benommen schaute er um sich; es dauerte einige Minuten, bis er wieder wußte, was geschehen war. Langsam versuchte er sich zu bewegen. "Au" brüllte er auf. Ein wilder Schmerz in seinem rechten Ellenbogen. "Er hat 'Au' geschrien," Bill Bradley im Kontrollturm war außer sich. "Wer so 'Au' schreien kann, der überlebt auch". Benommen versuchte David aus seiner Maschine zu steigen. Er war zwischen zwei Bäume gerast, das Fahrwerk war abgeknickt. Die Maschine bot einen traurigen Anblick, wie sie so am Baum lehnte. An Weiterfliegen war sowieso nicht zu denken. Seinen linken Arm stützend marschierte David los. Ohne Ziel, ohne irgendetwas mitzunehmen, ohne zu überlegen, einfach nur weg von hier, weg . . .
"Hoffentlich bleibt er beim Flugzeug und marschiert nicht los", Bill schaute düster drein, die Geräusche im Lautsprecher verhießen nichts Gutes. Die Nächte im südafrikanischen Busch sind gefährlich, nachts wird es kalt, und die Gefahr lauert überall, wenn man sich nicht vorsieht.
David war zur Maschine zurückgekommen. Die Hitze und die Schmerzen hatten ihn zum Flugzeug zurückgeführt. Erst jetzt, wo er an der Maschine lehnte, bemerkte er, daß sein Bein blutig war. David sank in sich zusammen.
"Die Maschine hat einen Radius von rund 300 Meilen. Hier ist der Ausgangspunkt. Das ist also das größte Zielgebiet. Da wir ja wissen, wohin er wollte, können wir diesen Radius verkleinern, denn sicherlich ist er zunächst den Fluß entlanggeflogen, bevor er nach Instrumenten weitergeflogen ist." Die anderen pflichteten dem Chef bei. "Suchmannschaften starten".
Als David wieder zu sich kam, spürte er die frische Abendluft. Bald würde es dunkel sein. David war heiß und er hatte Durst. Mit seiner rechten Hand machte er den Wasserkanister auf, goß sich das Wasser über die Haare und trank. "Mist" meinte er, alles, was ich bis jetzt

gemacht habe, war falsch. Ich muß zunächst meine Gedanken ordnen. Zuerst nahm er den Arztkoffer und schiente seinen linken Arm. Die Tränen kullerten ihm dabei herunter; zweimal war er für einige Momente vor Schmerzen bewußtlos. Die Wunde am Bein sah schlimm aus. Aber jetzt ging es schon etwas besser und David rüstete sich für die Nacht. Er konnte zwar in der Maschine schlafen, aber gegen Elephanten und Nashörner bot diese keinen ausreichenden Schutz. "Glück muß der Mensch haben", grinste er schon wieder. Von der Tragfläche aus warf er eine Strickleiter, die zur Notausrüstung gehörte über einen Ast. Er probierte den festen Halt. Die Pistole mit den Notsignalen steckte er sich in den Hosenbund. David begann für ein Feuer zu sammeln; Feuer bietet doch wenigstens einen geringen Schutz gegen die Tiere, meinte er. David kannte sich im Busch aus. Er wußte, daß nichts trügerischer war als die Ruhe. Nachts konnte sich ein Raubtier nähern, ohne daß ein Zweig knackte . . .

"Suchtrupps zurück; keinerlei Zeichen einer abgestürzten Maschine". Morgen würden sie weitersuchen.

Das Feuer knisterte leise. David schaute in den Himmel, erkannte das Kreuz des Südens. Morgen würde er systematisch vorgehen. Lebensmittel hatte er für mindestens vier Tage, schlecht sah es mit Wasser aus, aber er mußte sich eben zusammenreißen. David fieberte, bei jedem Geräusch fuhr er zusammen. Gegen Morgen hatte ihn die Müdigkeit übermannt, er schlief tief und fest.

Als David am nächsten Mittag aufwachte, nahm er als erstes seinen Fallschirm und breitete ihn auf einer nahegelegenen Lichtung aus. Der Fallschirm war knallrot, mit Blättern legte er SOS darauf. Suchflugzeuge mußten das sehen.

"Chef, ein Amateurfunker am Telefon, er hat einen Funkspruch aufgefangen; könnte von David sein". Im Kontrollturm hatte man an diesem Morgen mitbekommen, wie David die Frequenz an seinem Funkgerät veränderte, seitdem war nichts mehr zu hören gewesen. "Mit dieser Beschreibung des Geländes findet das nur Jack". Jack war erster Wildhüter im Reservat und kannte sich im Busch besser aus als in seiner Westentasche.

"Tja", meinte Jack, "da kommen zwei oder drei Stellen in Frage, mehr glaube ich aber nicht". "Wir fliegen", meinte der Chef, der es jetzt nicht mehr in seinem Büro aushielt.

"Noch dreißig Minuten Sprit, dann müssen wir umkehren". "Wir sind gleich da", brüllte Jack. "Da, da unten das rote". Sie hatten David's ausgebreiteten Fallschirm gesehen. "Das muß er sein". "Los runter". "Hier können wir mit der Maschine nicht landen. Wir müssen mit Landrovern herfahren." Sie überflogen die Stelle einige Malc im Tiefflug, wackelten mit den Flügeln. Aber von David keine Spur. Der Chef gab einen

Funkspruch durch. Fünf Minuten später waren drei Landrover mit Dr. Jackson unterwegs. Wenn alles gutging, konnten sie in drei Stunden bei der Absturzstelle sein. Daß das alles klappte, war Bill Bradley's Verdienst. Er hatte immer an seiner Pinwand die nötigen Adressen der Leute, die er im Notfall erreichen mußte. Jetzt hatte sich sein System, das mancher belächelt hatte, bewährt.

"Mensch, ist das nicht toll", meinte Pfiffix, "jetzt ist unser David ja richtig berühmt". Kniffix wackelte mit den Ohren, kratzte sich und meinte: "Ich weiß nicht. Ich glaube, er selbst denkt anders darüber, was schreibt er da noch in seinem Brief?" "Aufgewacht bin ich erst wieder im Krankenhaus. Dr. Jackson hat mir dann alles erzählt, wie sie mich gefunden haben. die Zeitungen waren voll von der Geschichte. Wie kühl und umsichtig ich reagiert hätte, schreiben sie. Aber das ist nicht richtig. Am Anfang habe ich alles falsch gemacht, was man falsch machen kann. Dann aber habe ich mich an meine Ausbildung erinnert, wißt ihr noch, an das Methodikseminar, und habe das gemacht, was sie mir da beigebracht haben. Tja, sonst wäre ich wohl nicht hier im Krankenhaus, vielleicht hätte mich ein Löwe verspeist". "Schrecklicher Gedanke," meint Pfiffix und zittert dabei richtig. "Ich glaub, ich brauch jetzt ein paar Knusperchen, für meine Nerven." Kniffix hat dagegen nichts einzuwenden, und so trotten sie gemeinsam in die Küche.

7 Sprossen auf der Hausaufgabenleiter

1● Suche nach deinen Stärken, nicht nach deinen Schwächen (was kann ich gut, was noch nicht so gut?).

2● Beginne bei den Hausaufgaben mit dem, was du kannst (nicht mit dem, was du noch nicht kannst).

3● Fange stets mit etwas Leichtem an.

4● Teile deine Aufgaben in kleine (überschaubare) Portionen ein.

5● Benutze die Pinwand als Lernhilfe. (Erinnerst du dich, wie der Fluglotse sie als Arbeitshilfe eingesetzt hat?)

6● Freue dich nach jeder erledigten Aufgabe über den Erfolg. Belohne dich mit einer kleinen Pause, ehe du etwas Neues beginnst.

7● Mit einer Konzentrationsübung am Anfang gelingen Hausaufgaben besser (z.B. das Knobelspiel auf Seite 22).

Ein Knobelspiel als Konzentrationsübung

Die hier aufgeführten Wörter sind in dem Quadrat unten versteckt. Nimm bitte einen Stift und rahme die Wörter dort ein, anschließend streiche die oberen Wörter durch. Zwei Wörter haben wir schon gefunden und eingerahmt.

Atem / Bandit / Du / Eber / Erde / Ei / Es / ~~Er~~ / Geld / Gong / Hund / Karte / Katze / Kuli / Last / Sahne / Sieg / Tag / Tal / Tisch / Weg / ~~Wo~~ /.

E	R	D	E	D	E	B	E	R
S	L	E	I	U	G	E	L	D
A	A	G	A	T	E	M	T	B
H	S	O	W	T	A	L	I	A
N	T	N	O	W	E	G	S	N
E	K	G	H	U	N	D	C	D
T	U	K	A	T	Z	E	H	I
A	L	S	I	E	G	E	R	T
G	I	E	S	K	A	R	T	E

Und jetzt kannst du die Punkte 8 – 12 (auf Seite 159) miteinander verbinden.

3

Ich habe keine Lust

Oder: Wie du die Faulheit besiegen kannst

Einen großen Brocken suchte ich mir aus –
puh, wie gerate ich ins Schwitzen!
Daran beiße ich mir fast die Zähne aus –
und er bleibt auf seinem faulen Pelze sitzen.

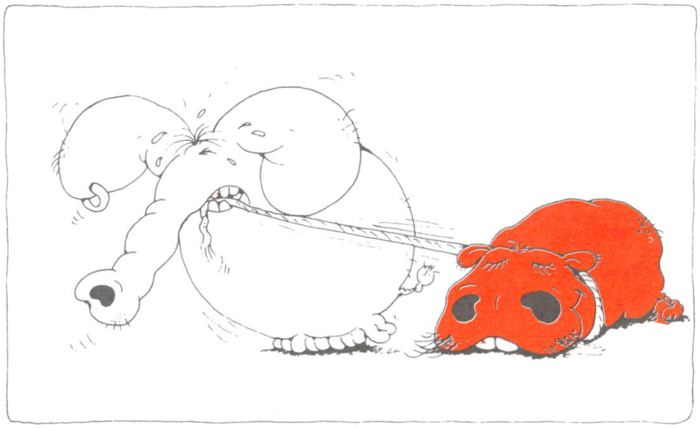

Als Elefant mit meiner Stärke
kann ich nichts erreichen hier.
Wie gehe ich nur anders an das Werke,
zu bewegen dieses faule Tier?

Oha, was entdecken meine Elefantenaugen?
Schaffe ich es wohl auf diese Weise?
- Oftmals sollen Kleine sehr viel taugen!
Komm mal her, du fleißige Ameise!

Mein kleiner Freund, ich habe hier Probleme:
Sieh dir mal an dies faule Vieh!
Meine Kräfte reichen nicht; wie ich mich schäme.
Was tun? - Allein schaffe ich das nie!

"Mit Gewalt ist da wohl nichts zu machen",
spricht die Kleine ganz entzückt.
"Das faule Vieh wird schon erwachen –
Wetten daß?" – "Au, was hat mich da gezwickt?"

"Höchste Zeit, oje!" murmelt das Flußpferd leise,
"meine Freunde warten schon am Strand."
und stolz triumphiert die winzige Ameise:
"Manchmal bin ich stärker als ein Elefant!"

7 Tritte in den Hintern der Faulheit

1 ● Versuche nichts mit Kraft und Gewalt.

2 ● Nimm dir nicht zuviel auf einmal vor.

3 ● Sage nie, das kann ich nicht!

4 ● Wer sich nichts zutraut, schafft auch nichts. (Meist kannst du mehr als du glaubst.)

5 ● Wenn du kleine Aufgaben richtig anpackst, brauchst du vor dicken Brokken keine Angst zu haben.

6 ● Eine kleine Aufgabe ganz zu erledigen, bringt mehr als fünf halbfertig liegen zu lassen.

7 ● Manchmal erreicht eine Ameise mehr als ein Elefant.

Auf geht's! Hier die nächste Knobelei:

Was haben Pflanzen mit Lernen zu tun?

Heute unternehmen wir zusammen einen Ausflug in die Biologie und suchen nach Namen von Blumen und Bäumen. Sicherlich hast du schon einmal ein Silbenrätsel gelöst und weißt, daß jeder Strich für eine Silbe steht. Wenn du alles richtig gelöst hast, so ergeben die Anfangsbuchstaben der Wörter von oben nach unten gelesen ein Lösungswort. (Das Lösungswort hat mit Kniffix und Pfiffix zu tun. Aber mehr verraten wir jetzt nicht mehr.)

Viel Spaß beim Rätseln!

1. Nadelbaum, der im Herbst seine Nadeln verliert ______ ______
2. typisch deutscher Laubbaum ______ ______
3. Sommerblume mit Dornen ______ ______
4. als Blume und Gewürz bekannt ______ ______
5. Nadelbaum, der Weihnachten das Festzimmer schmückt ______ ______
6. blaue Blume mit immergrünen Blättern ______ ______ ______
7. Tropenbaum (Öl- oder Dattelfrüchte) ______ ______
8. große Blume mit gut schmeckenden Kernen ______ ______ ______ ______

Die Silben:
BLU CHE CHE EI GRÜN IM KE LÄR ME ME MER NE NEL NEN PAL RO SE SON TAN:

Das Lösungswort: ______________________________

Lösung:

[redacted]

Schon wieder bist du ein Stück weiter. Verbinde die Punkte 12 – 16.

Ich glaube an
mich.

4

Die aufregende Jagd nach dem entführten Fahrrad

Oder: Wie du schwierige Aufgaben lösen kannst

Früh um sieben klingelt bei Pfiffix das Telefon. Verschlafen reibt er sich die Augen: "Was soll denn das? In aller Frühe das Gebimmel. Ja, hier Pfiffix!?"
Auf der anderen Seite ertönt nur ein lautes Lachen, dann meldet sich eine Jungenstimme: "Na, du Superdetektiv, haben wir dich aus deinem Bettchen geläutet? Hast du schon gehört, was gestern abend passiert ist?" Damit ist das Gespräch zu Ende. "Hallo, wer spricht denn da? Was ist passiert, was soll ich gehört haben?" fragt er in den Hörer, aber er bekommt keine Antwort mehr.
Wütend knallt er den Hörer auf die Gabel. "Blödes Volk", murmelt er und will zurück ins Bett. Da läutet es wieder. "Jetzt langt's mir aber", knurrt er. "Hier Pfiffix", brüllt er wütend in die Muschel: "Was ist denn nun schon wieder?" Am anderen Ende vernimmt er ein herzerweichendes Schluchzen, und erst nach einiger Zeit kommt eine helle Mädchenstimme: "Hier ist Claudia, und neben mir steht mein kleiner Bruder Dieter. Du ... du erinnerst dich noch an uns? Wir haben uns vor ein paar Tagen in der Stadtbücherei kennengelernt." "Ja", unterbricht Pfiffix, "ich erinnere mich noch genau. Aber was ist denn passiert, warum weinst du denn so fürchterlich?" "Weißt du, Pfiffix, uns ist etwas Schlimmes passiert", meldet sich Claudia wieder. "Wir haben gestern abend vergessen, unser Fahrrad in den Keller zu stellen. Und als ich heute morgen nachschaute, ob das Rad noch vor der Tür steht, finde ich auf dem Gehweg nur noch eine Kreidezeichnung. Irgendwer hat mit roter Kreide eine Fahrrad auf die Steine gemalt und dazu geschrieben: 'Nun sucht mal schön' und jetzt weiß ich gar nicht, was wir machen sollen. Und da fiel mir ein, daß du und dein Freund Kniffix, daß ihr uns vielleicht helfen könnt. Bitte, bitte, Dieter hat das Rad doch erst letzte Woche zum Geburtstag geschenkt bekommen."
"Na, ihr seid vielleicht zwei Helden", meint Pfiffix. "Aber gut, laß uns mal überlegen. Hast du sonst noch etwas bemerkt? Ich meine, ist dir noch etwas aufgefallen? Nicht? – Gar nichts? – Na ja, dann will ich mal meinen Verstand einschalten. Vielleicht fällt mir etwas ein. Ich melde mich dann wieder. Also, bis dann." "Gut, wir warten auf deinen Anruf, hoffentlich findet ihr das Rad bald wieder", antwortet Claudia schon

etwas erleichtert. ”Das kann eigentlich nur die Radlerclique gewesen sein”, überlegt Pfiffix. ”Und wie ich die Burschen kenne . . .” Rasch springt er ins Bad und macht sich frisch, Hose, Hemd, Strümpfe und Schuhe hat er im Handumdrehen angezogen, ein Glas Milch und paar Zwiebäcke sind sein Frühstück.

Dann ruft er Kniffix an. Erst nach dem sechsten Läuten meldet sich dieser. ”Wo steckst du denn nur, warst du etwa in der Badewanne? Du solltest nicht zu oft baden, davon wird die Haut so dünn”, versucht er zu scherzen. Aber Kniffix ist nicht zu Witzen aufgelegt. ”Du Scherzkeks”, brummt er, ”ich habe mir gestern abend den linken Fuß verstaucht und kann nur zum Telefon humpeln. Aber gut, daß du anrufst, ich habe vorhin einen Eilbrief bekommen. Hör mal zu: ’Ha ha ha’, steht hier, ’alles Gute und viel Glück bei der Suche! Die Radlerclique.’ und dann ist noch ein Zettel beigelegt, der sieht aus wie ein Dreieck. Aber was da drauf steht, kann ich dir am Telefon nicht sagen, du müßtest schon herkommen und dir das anschauen. Wann hast du Zeit?” – ”Ich bin schon unterwegs. Vermute, die Burschen haben das Rad in einem anderen Stadtteil versteckt, jedenfalls ist das ihre Masche. Vielleicht kannst du dich inzwischen mal ausführlich mit dem ’Dreieck’ beschäftigen, möglicherweise hilft uns das ein bißchen weiter.” – Und schon saust er los. Unten an der Tür schaut er noch schnell in seinen Briefkasten. Verwundert zieht er einen Brief hervor. In dicker roter Schrift fällt ihm sofort der Absender auf: ’Die Radlerclique’, sonst nichts. Er stopft den Brief in die Tasche und rast zu Kniffix. Gottseidank, die Tür ist nicht abgesperrt.

”Nun, hast du etwas herausgefunden?” fragt er. ”Guten Morgen”, sagt Kniffix zuerst, ”du könntest dir ruhig mal bessere Manieren angewöhnen.” ”Guten Morgen”, knurrt Pfiffix, ”was macht dein Fuß?” ”Der Arzt war gestern abend noch hier und hat nachgeschaut. Er meint, ich müsse eine Woche im Bett bleiben.” – ”Das hat uns noch gefehlt”, stöhnt Pfiffix. ”Übrigens”, will er jetzt zur Sache kommen, ”ich habe auch Post bekommen. Rate mal, von wem? Jawohl, auch von der Radlerclique. Wenn man diese Bande mal erwischen würde! Am liebsten möchte ich jedem einzeln den Kopf zwischen den Ohren weghauen.” – ”Rede doch nicht immer solchen Quatsch. Du weißt ganz genau, was wir uns vorgenommen haben. ’Gewalt ist nur was für Dumme!’ Okay? Mit Idee und Tücke, finden wir die Mücke! Also: Was wissen wir und was müssen wir noch herausfinden? – Ich denke, du hast Post bekommen? Ich seh’ nichts!”

”Moment!” Schnell kramt Pfiffix den Brief heraus. ”Du, das Ding hier sieht auch aus wie ein verunglücktes Dreieck. Ob die beiden Dinger zusammenpassen? Das wäre zu schön!” – ”Natürlich nicht, so doof ist der rote Norbert von der Radlerclique nun auch wieder nicht.”

"Mensch, da fehlt tatsächlich ein Teil. So'n Mist, was machen wir denn nun?"
"Wie hast du eben gesagt, 'Also, arbeiten wir mit dem Kopf!', oder hast du deinen Kopf nur deswegen, damit es dir nicht in den Hals regnet? – Also!!"
In diesem Augenblick klingelt das Telefon. Pfiffix springt auf und will gerade den Hörer abnehmen, als Kniffix ihm zuruft: "Das ist für mich, sei so nett und bring den Apparat hierher ans Bett, die Schnur ist lang genug. Ich kann nämlich allein telefonieren."

Pfiffix bringt den Apparat ans Bett. Allerdings kann er nicht mithören, so sehr er seine Lauscher auch hochstellt. Er sieht nur, wie sein Freund hin und wieder mit dem Kopf nickt und hört ihn ab und zu brummen: "Mmh, ja, klar, kapiert."

Endlich legt Kniffix den Hörer auf: "Also, wie du schon richtig vermutet hast, steckt der rote Norbert mit seiner Radlerclique hinter der ganzen Sache. Sie haben das Fahrrad gestern abend prompt mitgenommen. Und wie sie es immer machen, haben sie es versteckt. Und zwar in einem anderen Stadtteil. Dann haben sie einen Brief geschrieben und diesen in drei Teile gerissen. Zwei Teile haben wir ja inzwischen bekommen. Den dritten und wichtigsten Teil will Norbert allerdings nur dann herausrücken, wenn wir ihn und seine ganze Truppe zu einer großen Portion Himbeereis mit Sahne einladen. Unter Umständen würden sie auf die Sahne verzichten, aber Himbeereis muß sein, das war sein letztes Angebot."
"Den, nein, ich . . .", tobte Pfiffix.
"Reg' dich ab, Amigo", beschwichtigt Kniffix seinen Freund, "laß uns mal sehen, was wir haben und was wir damit anfangen können."

Unten findest du die beiden Briefteile, die unsere Freunde erhalten haben. Glaubst du, daß du damit etwas anfangen kannst? Ja? – Wenn nicht, lies weiter, wie unsere Freunde vorgehen.

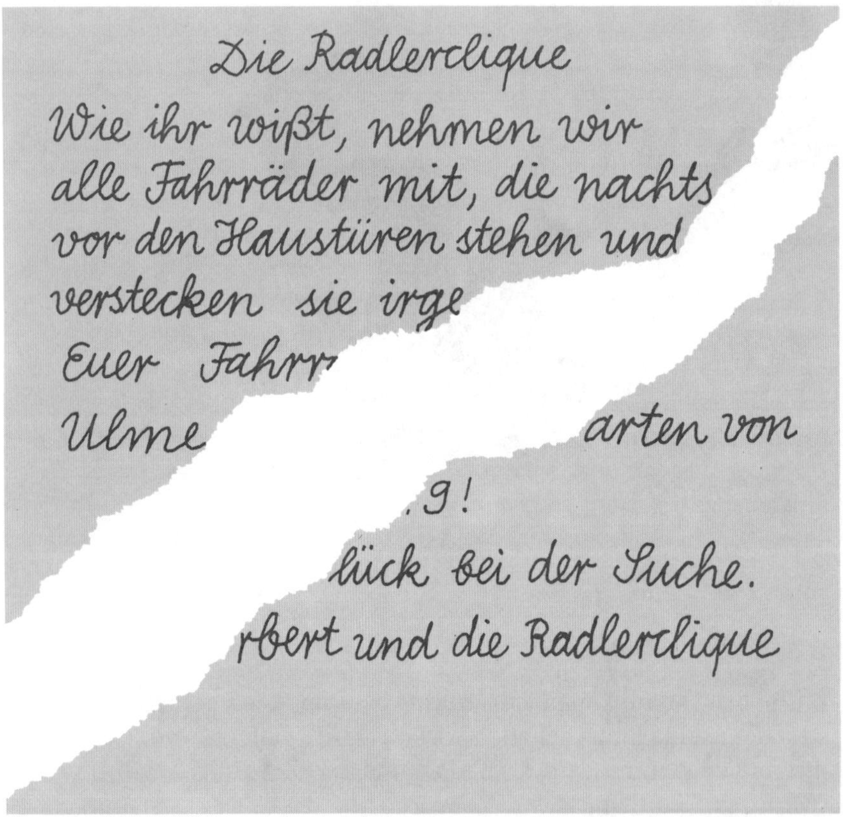
Die Radlerclique
Wie ihr wißt, nehmen wir
alle Fahrräder mit, die nachts
vor den Haustüren stehen und
verstecken sie irge
Euer Fahrr
Ulme
arten von
.9!
lück bei der Suche.
rbert und die Radlerclique

"Also", beginnt Kniffix zu lesen, "in meinem Teil steht:
'Die Radlerclique – Wie ihr wißt, nehmen wir alle Fahrräder, die nachts vor den Haustüren stehen und verstecken sie irge . . .' Das kann nur 'irgendwo' bedeuten. Weiter steht hier 'euer Fahrr . . .', das könnte heißen: Fahrrad. Und dann steht hier links unten auf dem Zipfel noch 'Ulme'. – Ziemlich merkwürdig, das ganze, findest du nicht?"
"Paß auf, hör zu, was auf meinem Zettel steht: 'arten von' dann '9!' dann kommt eine neue Zeile, da steht: 'lück bei der Suche.' Und weiter geht's mit '. . . rbert und die Radlerclique'."
"Du darfst nicht vergessen, daß uns der wichtigste Teil des Briefes fehlt. Wenn wir den hätten, wären wir ein schönes Stück weiter." "Wenn, wenn . . .", äfft Kniffix giftig, "wenn meine Oma Räder hätte, wäre sie ein Omnibus. Wir haben den Teil aber nicht. Wo bleibt denn dein tolles Kombinationsvermögen, Herr Detektiv?"
"Du hast recht", nickt Pfiffix. "Leg mal deinen Briefteil auf den Tisch. Und nun nehme ich meinen und lege ihn so hin, daß die Lücke für den fehlenden Teil sichtbar wird. Siehst du? So! Jetzt müssen wir überlegen, was in dem Teil stehen könnte, den Norbert besitzt."

Na, fällt dir etwas auf? Unsere Freunde machen das einzig richtige: Sie überlegen, was sie haben und was sie noch brauchen. Und nun überlegen und knobeln sie, was jetzt weiter zu tun ist. Wie geht die Sache weiter?

"Paß auf!" meint Pfiffix, "in meinem Teil steht '... arten'. Also 'Barten' ergibt keinen Sinn – 'Carten' auch nicht. D-E-F. Ich hab's: GARTEN muß das heißen. Genau! G-a-r-t-e-n." Langsam spricht er das Wort Buchstabe für Buchstabe. "Das bedeutet, das Fahrrad befindet sich in einem Garten. Und hier: '9'. Da vermute ich, daß die Hausnummer mit einer 9 endet. Da wären wir doch schon ein ganzes Stück weiter, was meinst du, Kniffix?"
"Weißt du vielleicht zufällig, wie viele Gärten es in unserer Stadt gibt?" fragt Kniffix. "Bin ich Hellseher?" faucht Pfiffix, "ich vermute, es sind ein paar Tausend. – Ha, ha! Aber viel wichtiger ist, was ich hier stehen habe: Auf meinem Zettel steht nämlich 'Ulme ...'. Wetten, daß die Straße etwas mit Ulme zu tun hat?" "Drüben im Bücherschrank liegt ein Stadtplan. Hol' den bitte mal her, vielleicht können wir damit etwas anfangen", hat Kniffix die Lage sofort erfaßt.
"Danke!" Er schlägt den Plan auf und blättert im Straßenverzeichnis: "Udostraße? nein; Uhlandstraße? auch nicht; da, da ist es, was wir suchen! – Oh je!, so einfach, wie ich mir das vorgestellt habe, ist die Sache auch wieder nicht. Hier gibt es zwei Straßen, die mit 'Ulme' beginnen: die Ulmenallee und die Ulmenstraße. Welche ist aber jetzt die richtige?"
"Vielleicht können wir mal im Telefonbuch nachschlagen? Wegen der Hausnummer, meine ich" schlägt Pfiffix vor. "Pfiffix, die Supermaus" stöhnt Kniffix. "Im Telefonbuch stehen doch nur die Namen der Leute, die ein Telefon haben. Und die sind nach dem ABC geordnet und nicht nach Straßennamen und Hausnummern. Und sowas ist Meisterdetektiv!"
"Ich dachte doch nur ..." murmelt Pfiffix kleinlaut. "Also, das Denken hast du auch nicht erfunden", brummelt Kniffix und schlägt die Straßenkarte auf und murmelt scheinbar unsinnige Buchstaben und Zahlen vor sich hin: "A – C – D, 3 – 4; eine Straße habe ich", sagt er dann. "Also, die Ulmenstraße ist im Planquadrat D–4, hier siehst du?"

Tja, und nun solltest du dich auf die Suche nach der 'Ulmenallee' machen, den Stadtplan findest du auf Seite 35. Hast du sie gefunden? Richtig! Sie befindet sich in den Planquadraten ___ – 6 bis ___ – ___.

"Was stehst du noch hier rum? Los, nimm den Stadtplan und mach dich auf die Strümpfe. – Inzwischen rufe ich bei Claudia und Dieter an und erzähle ihnen, was wir herausgefunden haben. Beeil dich, wir haben nicht viel Zeit. Norbert hat nämlich noch gesagt, wenn wir bis 15.00 Uhr das Fahrrad nicht gefunden haben, holt er es dort weg und bringt es an eine andere Stelle. Es ist schon 14.20 Uhr!"

"Ich fliege, ich eile!" ruft Pfiffix und schon ist er wie ein Wirbelwind verschwunden.
Zehn Minuten später läutet bei Kniffix das Telefon. "Ich bin's ... Das mit der Ulmenstraße war ein großer Reinfall!" ruft Pfiffix. "Da waren nur acht Häuser. Aber ich nehme jetzt ein Taxi und fahre zur Ulmenallee. Wenn ich dort fertig bin und das Rad gefunden habe, melde ich mich wieder. Tschüß!" – "Warte", meint Kniffix, "mir ist da noch was eingefallen, was deine Suche erleichtern kann. Du brauchst nur bei den Häusern zu schauen, die eine 9 am Ende haben. Verstehst du? Eine Hausnummer, die mit 9 aufhört. Klar?" – "Ja, danke! Ich habe verstanden! Also, bis dann!"
Die Zeiger der Uhr stehen auf 14.57 Uhr. Endlich das ersehnte Läuten des Telefons. Rasch nimmt Kniffix den Hörer ab: "Ja, alles in Ordnung?" ruft er hastig.

"Alles Tutti!" vernimmt er von der anderen Seite. "Wir haben's geschafft. Und stell dir vor: Die Fahrradclique und der rote Norbert lagen schon auf der Lauer und wollten das Rad holen, um es erneut zu verstecken. Die dummen Gesichter dieser Bande hättest du sehen sollen! So dumm kann nicht einmal ein Esel dreinschauen! Oh, entschuldige, alter Freund, ich wollte dich nicht beleidigen. Ich schwinge mich jetzt auf's Fahrrad und presche wie ein geölter Blitz zu den beiden Kindern. Das mit dem Esel, das ist mir so herausgerutscht. Ehrlich! - Tschuldigung - Tschüß!"
Kniffix war schon ein wenig beleidigt. Aber weil die Sache so gut geklappt hat, lehnt er sich doch schmunzelnd in die Kissen zurück: "Dem Pfiffix kann man halt nicht böse sein."

7 heiße Spuren aus der Lernsackgasse

1● Sammle bei schwierigen Aufgaben alle Hinweise, die du hast.

2● Ordne sie in eine sinnvolle Reihenfolge. (Was geschieht zuerst, was gehört zusammen?)

3● Kannst du jetzt erkennen, worum es geht?

4● Stelle fest, was du noch nicht weißt.

5● Wer könnte dir weiterhelfen? (Ein Klassenkamerad, die Eltern, dein Lehrer?)

6● Wenn du jetzt noch Fragen hast, so zeige ruhig mal Mut zur Lücke!

7● Schau dir noch einmal an, was du herausgefunden hast – kombiniere! So findest du den richtigen Weg und löst den Fall.

Hier noch ein Fall für junge Detektive: Schau genau, probiere, kombiniere:

Die versteckten Quadrate

Die Skizze zeigt ein großes Quadrat, in das viele kleine Quadrate gezeichnet sind. Wenn du allerdings genau hinschaust, so wirst du feststellen, daß darin noch viel mehr Quadrate versteckt sind.
Wie viele Quadrate findest du insgesamt heraus?

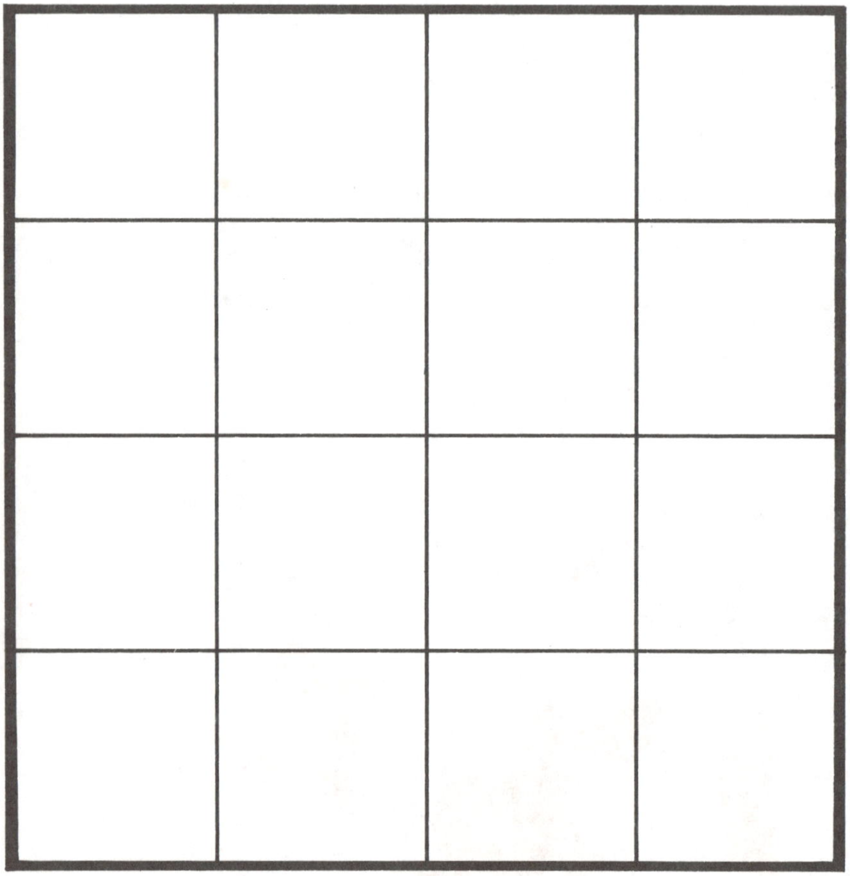

Lösungstip:
Nimm mehrere verschiedenfarbige Stifte und rahme die gefundenen Quadrate ein.
Übrigens: Ein Quadrat hat **vier gleich lange** Seiten!

Lösung:

Nach gefundener Lösung sind die Punkte 16 – 19 dran.

5 Guten Appetit beim Buchstabensalat

Oder: Es lohnt sich, das ABC zu kennen

"Aberglaube, Abitur, Ableger, abschreiben – Potzdonner!" zischt Pfiffix zornig. "Wann kommt denn endlich 'Agent'?" Er blättert ganz aufgeregt in seinem Lexikon, weil er unbedingt herausbekommen will, was ein Agent ist. So hatte Kniffix ihn nämlich gestern genannt, als sie beide in der alten Druckerei "Schwarz & Blei" mithalfen, um ihr Taschengeld etwas aufzubessern.
Die Firma Schwarz & Blei ist eine der wenigen Druckereien, die noch mit einzelnen "Lettern" (das sind aus Blei gegossene Buchstaben) arbeitet. Eine Heidenarbeit, bis eine ganze Buchseite gesetzt ist.
"So", sagt Meister Blei, während er sich mit dem Ärmel über die nasse Stirn reibt, "ich muß noch eine wichtige Besorgung machen. Falls jemand kommt, ich bin gleich zurück." – "Macht der es wieder spannend", denkt Pfiffix, "dabei weiß doch jeder, daß der alte Blei nur mal eben ein Bierchen trinken geht."

Pfiffix faßt die Gelegenheit beim Schopf, sich mal umzusehen, was hier so alles gedruckt wird. Denn er ist von Natur aus unwahrscheinlich neugierig. Und irgendeinen Auftrag scheint Meister Blei in Arbeit zu haben, der streng geheim bleiben muß. Jedenfalls tat er in letzter Zeit immer so geheimnisvoll, wenn er den großen dunkelroten Ordner vom Regal nahm. Pfiffix klettert flink auf das Regal. Tatsächlich – in großen tiefschwarzen Buchstaben steht auf dem Aktendeckel: "Top secret – streng geheim!"

Pfiffix will gerade den Ordner aufklappen, da kommt Kniffix angerast: "He, bist du unter die Agenten gegangen", zischt er. Und dabei gibt er seinem kleinen Freund einen kräftigen Schubs, daß dieser fast vom Hocker fällt. Im letzten Moment kann er sich noch an den Kästen mit den Druckplatten festhalten. "Au Backe", stöhnt Kniffix, der den Schlamassel sofort entdeckt: "Alles durcheinander!" Die Druckplatten mit den dicken Buchstaben sind verschoben. "Mein Gott, das Kinderlexikon!" Die Stichwörter waren auf eigenen Platten in dicken Buchstaben abgesetzt und die erklärenden Texte in kleinerer Schrift auf anderen Platten – und jetzt paßt nichts mehr richtig zusammen.

Da steht jetzt z.B.: "BÜFFEL – jemand der Kleinkinder hütet . . ." oder "BABYSITTER – Wildrinder mit langen, oft gebogenen Hörnern . . ." Schnell versucht Pfiffix alles zu ordnen, aber er bringt es nur noch mehr durcheinander. "Das ABC müßte man können", schnaubt Kniffix. –

"Na und?" piepst Pfiffix spitz. "Da fängt ja jedes Wort mit B an!" – "Mensch, Maus", braust Kniffix wieder auf, "hier ist doch nicht nur der Anfangsbuchstabe von Bedeutung, sondern der zweite, dritte, vierte Buchstabe muß ebenfalls in alphabetischer Reihenfolge stehen. Also 'Habicht' und 'Haar' fangen auch beide mit H an, aber 'Haar' muß v o r 'Habicht' stehen – kannst du mir geistig folgen?" Diese spitze Bemerkung kann Kniffix sich nicht verkneifen.

"Also am besten", sagt Pfiffix, "lese ich mir die Texte mit den kleineren Buchstaben durch und suche dann das passende Stichwort mit den fetten Buchstaben und setze es davor." – "Da verlieren wir doch viel zu viel Zeit, der alte Blei kann jeden Moment zurückkommen, was meinst du, was der für ein Theater macht", legt Kniffix wieder los.

"Wie sollen wir das bloß in fünf Minuten schaffen", fragt Pfiffix mit weinerlicher Stimme. Er sieht schon das Donnerwetter des Meisters über sich hereinbrechen. "Ganz einfach", macht Kniffix, der jetzt doch Mitleid bekommt, dem Kleinen wieder Mut. "Wir sammeln alle Stichwörter, ordnen sie nach dem Alphabet und setzen sie der Reihe nach wieder ein." Im entscheidenden Augenblick ist er doch ein echter Kumpel.

Hilfst du den beiden beim Sortieren? – Toll! Dann schaffen sie es bestimmt, ehe Meister Blei zurückkommt und sie hochkantig rauswirft. Hier sind die durcheinander geratenen Stichwörter:
BINDEHAUT
BANKNOTEN
BALLETT
BOB
BARRIKADE
BLITZ
BALZEN
BATTERIE
BEATLES
BIBLIOTHEKEN
BUCHDRUCK
BABYSITTER
BALKAN
BRATSCHE
BERLIN
BÜFFEL

Am besten fängst du mit dem Vorsortieren an. Da alle Stichwörter mit dem gleichen Buchstaben beginnen, nämlich mit B, mußt du den zweiten Buchstaben anschauen.

Sammle alle Wörter, die die ersten zwei Buchstaben gemeinsam haben. Da der erste Buchstabe überall ein B ist, konzentrierst du dich also nur auf die zweiten Buchstaben. Diese mußt du in alphabetischer Reihenfolge anordnen:

BA . . .

BE . . .

BI . . .

BL . . .

BO . . .

BR . . .

BU . . .

Falls jetzt in einem Kästchen nur ein einziges Wort steht, markierst du dieses Kästchen mit einem ✱.

Betrachte jetzt jeweils ein vorsortiertes Kästchen. Steht mehr als ein Wort darin, mußt du den dritten Buchstaben anschauen.

Hierfür stehen neue Kästchen zur Verfügung:

Wie schon beim letzten Schritt ordnest du nur die Kästchen, in denen mehr als ein Wort steht. Ganz klar, daß du bei diesen nach dem vierten Buchstaben schauen mußt.

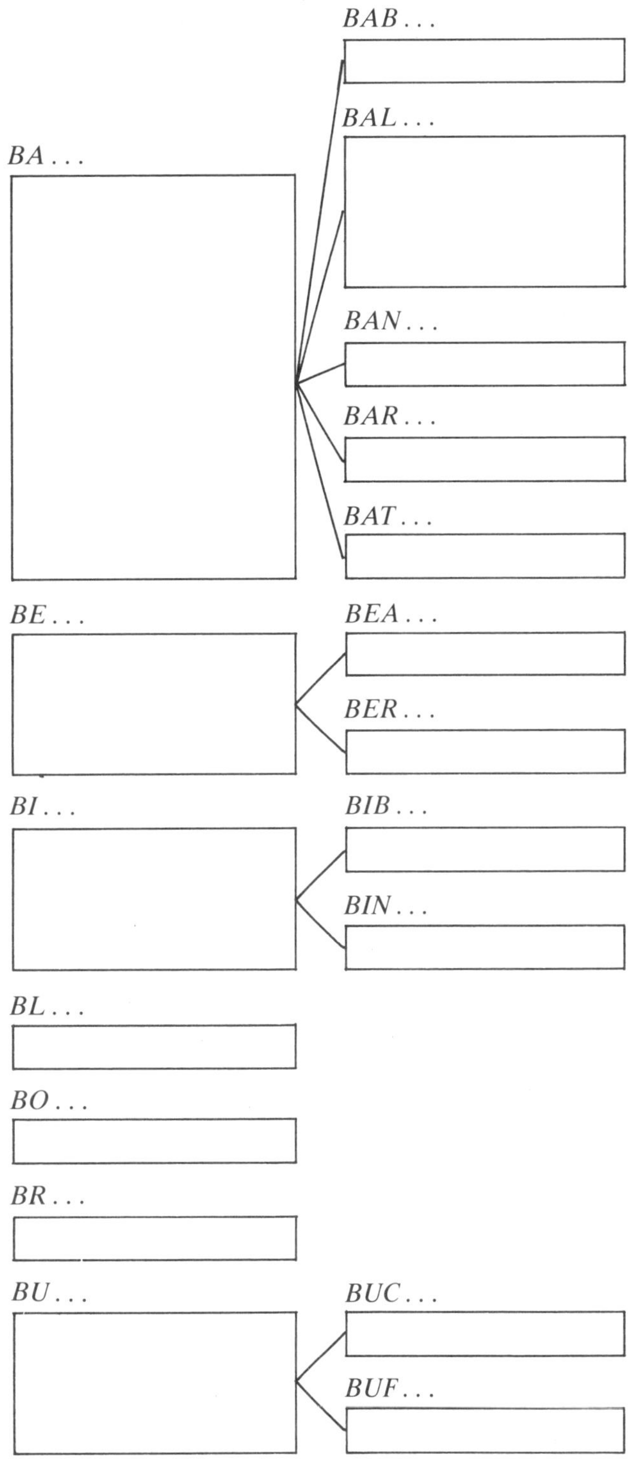

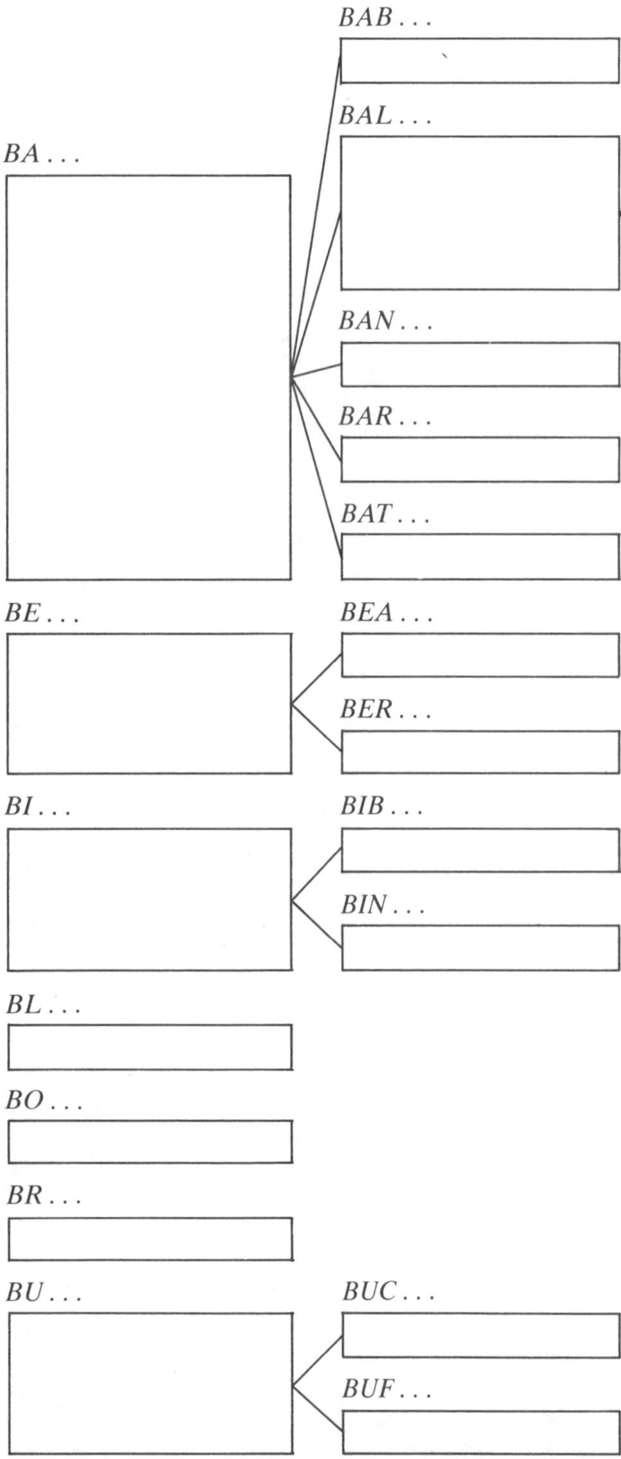

Auch hier gilt die alphabetische Reihenfolge:

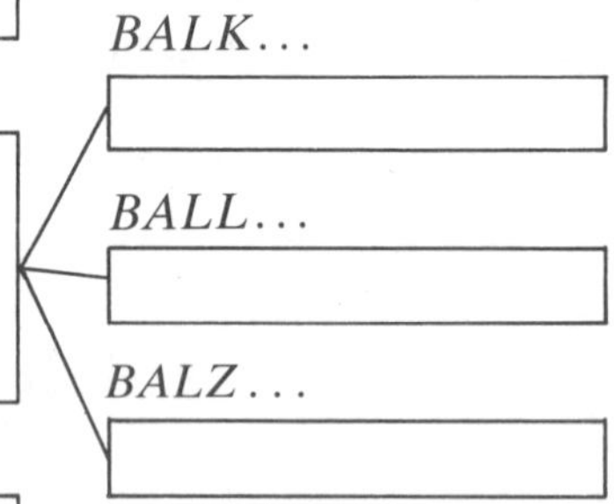

Kästchen mit nur einem einzigen Wort erhalten wieder das ✳.

Fasse noch einmal zusammen:
Zuerst hast du nur nach zwei Buchstaben sortiert, also B-A vor B-E vor B-I vor B-L usw.
Danach hast du nach dem dritten Buchstaben sortiert, also BA-B vor BA-L vor BA-N usw.
BE-A vor BE-R usw.
Und schließlich sogar nach dem vierten Buchstaben: BAL-L vor BAL-K vor BAL-Z. Dies hast du so lange getan, bis jedes Wort allein in einem Kästchen steht. Jetzt brauchst du nur noch die ✳-Kästchen von oben nach unten lesen.
Damit ist die Ordnung wieder hergestellt.

Lösung:

Und nun brauchst du die alphabetisch geordneten Stichwörter nur der Reihe nach einzusetzen:

________________ *ist jemand, der Kleinkinder hütet, wenn die Eltern nicht zu Hause sind . . .*

________________ *ein Mittelgebirge, das hauptsächlich in Bulgarien, in Südosteuropa, liegt . . .*

________________ *ist ein Tanz auf der Bühne, der wie ein Schauspiel eine Handlung hat. Die Handlung wird nicht gesprochen, sondern durch tänzerische Bewegungen ausgedrückt . . .*

________________ *ist das Werben der Männchen um ein Weibchen bei bestimmten Tierarten . . .*

________________ *haben die Chinesen im Jahre 650 erfunden und nannten sie "Fliegendes Geld". Erst 1000 Jahre später wurde Papiergeld in Europa eingeführt . . .*

________________ *Sperre über Wege und Straßen zur Verteidigung . . .*

________________ *kann elektrische Energie speichern und braucht keinen Strom aus der Steckdose . . .*

________________ *unter diesem Namen schlossen sich John Lennon, Paul McCartney, Georg Harrison und Ringo Starr in den 60er Jahren zu einer Popmusik-Gruppe zusammen . . .*

________________ *größte deutsche Stadt . . .*

______________________________ *sind große Büchersammlungen. Die deutsche Bezeichnung ist Bücherei . . .*

______________________________ *Schleimhaut des Auges. Sie bedeckt den vorderen Augapfel und die Innenseite der Lider . . .*

______________________________ *Lichterscheinung, die die Entladung einer elektrischen Spannung zwischen zwei entgegengesetzt geladenen Wolken oder zwischen einer Wolke und der Erdoberfläche begleitet. (Anschließend hört man es oft donnern) . . .*

______________________________ *lenkbarer Sportschlitten . . .*

______________________________ *heißt auch Viola. Sie hat die Form einer Geige, ist aber etwas größer . . .*

______________________________ *das Wort hängt mit "Buchstaben" zusammen, den Stäbchen aus Buchenholz, in welche die Germanen ihre Runenzeichen ritzten. Den . . . gab es schon vor Johannes Gutenberg. Nur mußte damals jede einzelne Buchseite in eine Holztafel geschnitzt werden. Gutenberg erfand die beweglichen Lettern (einzelne bewegliche Buchstaben) und damit die Möglichkeit, sie immer wieder neu zu verwenden . . .*

______________________________ *sind Wildrinder mit langen, oft gebogenen Hörnern . . .*

Gerade als Kniffix und Pfiffix den BÜFFEL eingesetzt haben, ging die Tür auf und Meister Blei kam gutgelaunt herein: "So, Jungs, Feierabend! Für heute habt ihr genug geschafft? Also dann, bis dann!" So pflegte er immer zu sagen, wenn er mit sich und der Welt zufrieden war. "Also dann, bis dann!" riefen Pfiffix und Kniffix ihm erleichtert zu und trollten nach Hause.
Ja und da sitzt Pfiffix nun an seinem Lexikon. "Natürlich" ruft er auf einmal "die Arbeit mit dem ABC!" und im Nu findet er 'Agent': "Agent nennt man jemanden, der im Auftrag eines anderen handelt. Ein Agent kann ein Versicherungsvertreter sein (der im Auftrag seiner Gesellschaft für Versicherungen wirbt) oder auch ein Spion (der im Auftrag einer fremden Macht handelt)."
"Dann kann Kniffix doch nur den Spion gemeint haben. Na warte!" Während Pfiffix das Lexikon beiseite legt, überlegt er, wie er Kniffix drankriegen kann. Aber sofort fällt ihm ein, daß er eigentlich keinen Grund für Rachepläne hat. Immerhin hat Kniffix ihm ganz schön aus der Patsche geholfen.

7 Brücken über Stolpersteine

1 ● Ob im Lexikon, Telefon- oder Postleitzahlenbuch: Überall begegnet dir das ABC.

2 ● Wenn du das ABC kennst, wird Suchen zum Vergnügen.

3 ● Kannst du das ABC in höchstens 20 Sekunden aufsagen? (Fallst nicht, mußt du unbedingt noch üben)

4 ● Wie schreibt man das? – Im Duden steht's!

5 ● Frag öfter mal dein Lexikon – schlag nach!

6 ● Mit dem ABC findest du dein Lieblingsbuch in der Bücherei sofort.

7 ● Wer das ABC kennt, spart viel Zeit.

Buchstabensalat mit Zahlen gewürzt

20	7		3	B 19	A 13	B 19	Y 18	S 7	23
7	22	1	15		4	20	17	O 5	3
*	1	20		21	4	8	14	H 1	13
19		21	26	26	20	21	15	N 4	26
*	3	13	20	21	16	13		14	20
23	20		3	20	21	26	14	G 26	23
21	24	14	21	17	15	9	15	E 20	21
13	K 23	N 4	I 15	F 14	F 14	I 15	X 12	N 4	13
4	24	21	8	13	14	20	3	A 13	24
11	1	16	13	24	7	3	13	U 24	

Als kleine Nachspeise zum Buchstabensalat noch ein Buchstabenrätsel mit Zahlen gewürzt. Eine bestimmte Zahl steht immer für den gleichen Buchstaben. Wenn du alle Felder ausgefüllt hast, sind folgende Wörter in diesem Kreuzworträtsel enthalten:
Pol, Schiene, Heer, Esel, Gering, Burg, Maus, Laus, Viel, Kraus, Klage, Tafel, Nur, Ruf, Keller, Laerm, Es, Schule, Kranz, Ralf, Ehe, Berg, Pfau, Rita, Betrag, Kuh, Na, Affe, Au, Vier, Anne, Liege, Riff, (natürlich fehlt er nicht, wenn sein Freund schon dabei ist:) Pfiffix.

Sicher weißt du schon, daß man in einem Kreuzworträtsel die Buchstaben waagrecht (nebeneinander) und senkrecht (untereinander) lesen kann. Also dann, guten Hunger!

Damit hast du die Punkte 19 – 23 redlich verdient!

Lösung:

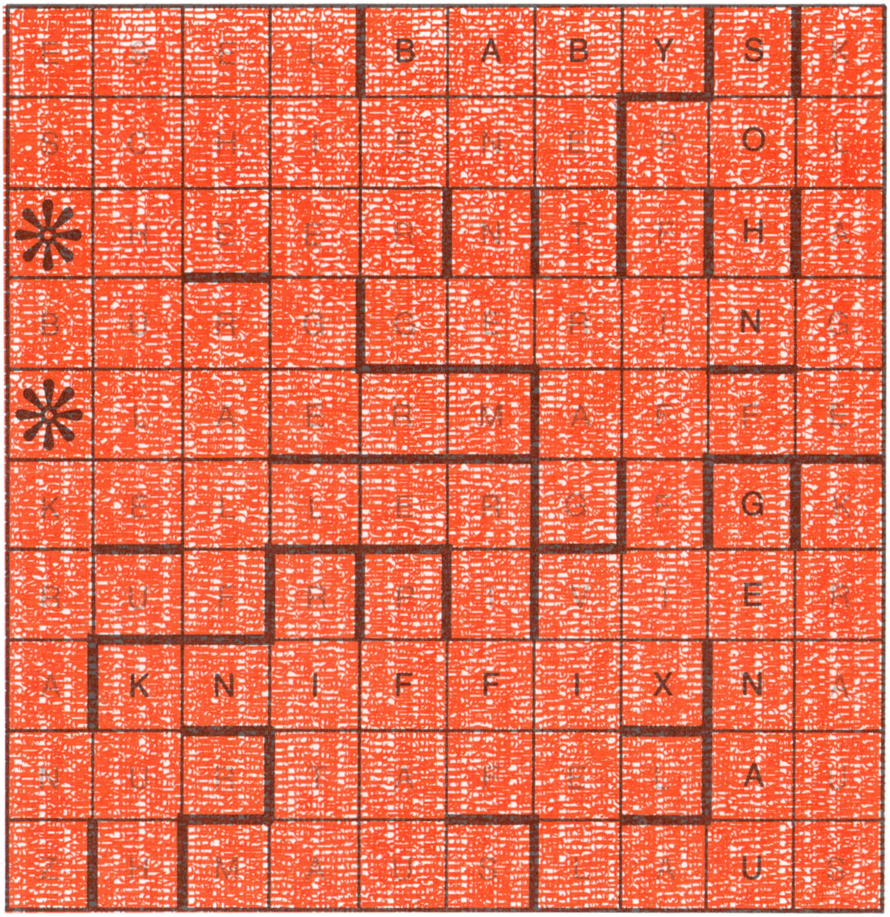

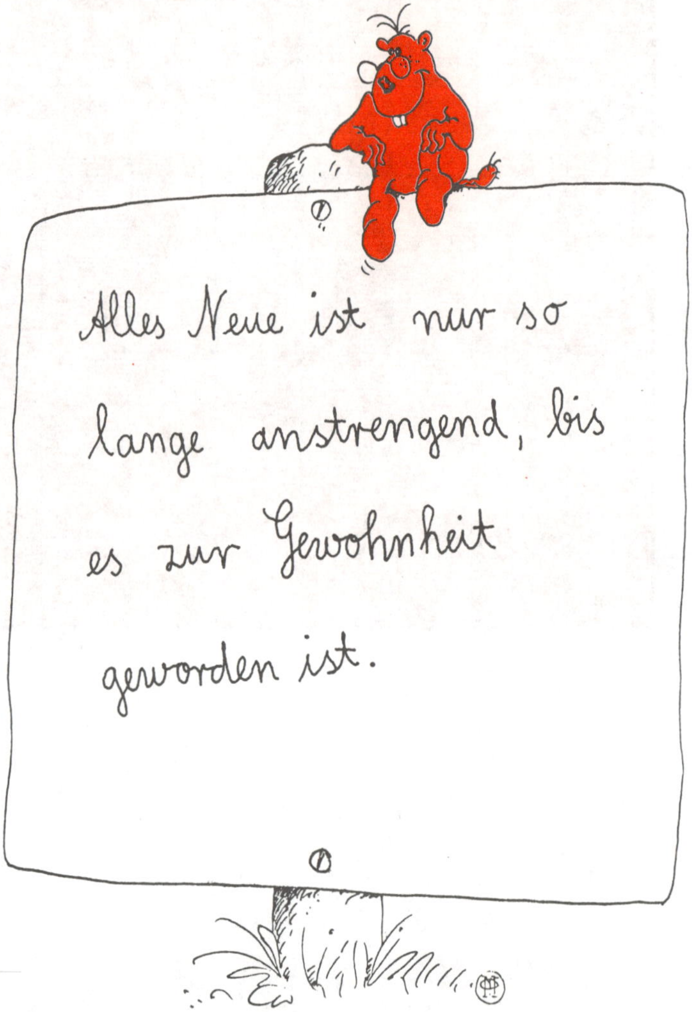
Alles Neue ist nur so
lange anstrengend, bis
es zur Gewohnheit
geworden ist.

6 Der Knoten im Taschentuch

Oder: Gut notiert ist halb gelernt

"Pfiffix am Apparat, wer spricht bitte?"
"Wolfgang Sender", tönt es vom anderen Ende der Leitung her. "Grüß dich, Pfiffix . . ."
Oh je, denkt Pfiffix, und es wird ihm ganz flau im Magen. Wenn Wolfgang ein Gespräch so schwungvoll beginnt, dann bedeutet das meist eine ganze Liste von Dingen, die er erledigt haben will – und das am besten vorgestern. Seufzend beugt sich Pfiffix in sein Schicksal und notiert. Heute kann er ohnehin nichts mehr machen, denn er muß gleich zum Fußballtraining; am Samstag ist das große Spiel gegen den 1. FC Unterholz. Nein, ausgeschlossen, daß er dabei fehlt. Wie das so seine Art ist, notiert Pfiffix ganz gründlich, sagt "verstanden, natürlich, wird erledigt", dann plauschen die beiden noch einen Moment

über das große Spiel. "Tut mir leid, daß ich nicht dabei sein kann; ich werde wohl kaum rechtzeitig von Köln wieder dasein", meint er, "aber ihr gewinnt auch ohne mich".
"Fahr vorsichtig, Wolfgang, und heb nicht ab, dein Auto ist kein Flugzeug" sagt Pfiffix dann noch. Wolfgang antwortet: "Geht in Ordnung. Es ist ja auch zu dumm, daß die Werkstatt so lange für den Kundendienst gebraucht hat. Um 12 Uhr wollten sie mir den Wagen bringen, um 4 Uhr haben sie ihn dann schließlich gebracht. Aber der ganze Sitz war ölverschmiert, jetzt habe ich ihn noch schnell in die Garage zur Reinigung gebracht, denn wenn die Flecken erst einmal richtig eingezogen sind, dann bekommst du sie nie mehr heraus. Okay, du weißt ja, wo du mich erreichen kannst, falls etwas auftaucht. Bis dann, halt die Ohren steif".

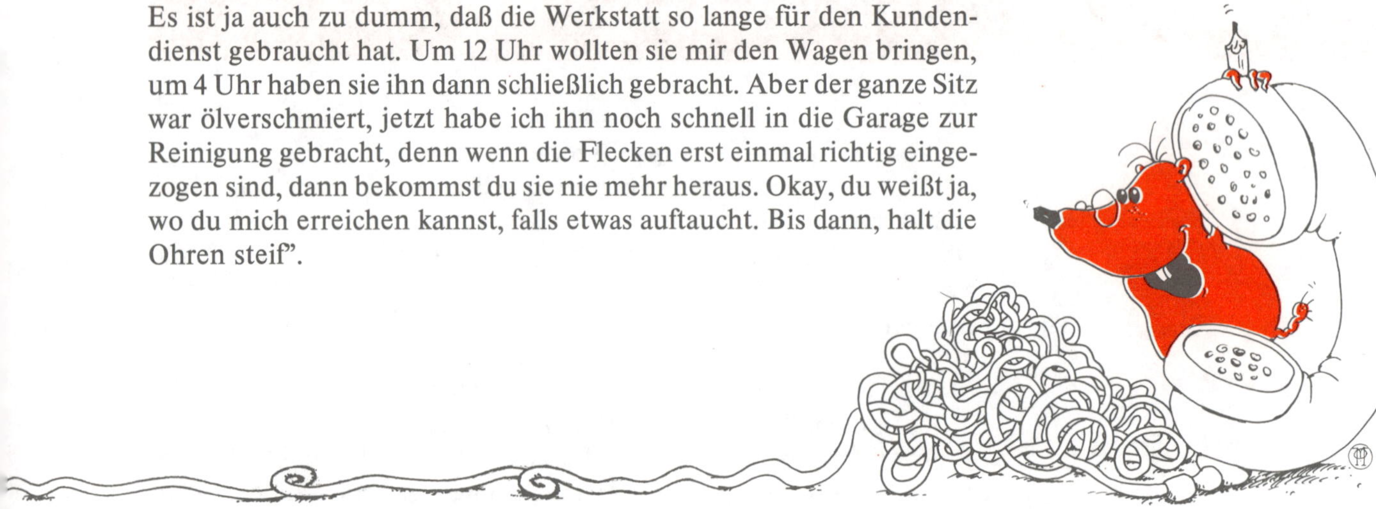

"Mit wem telephonierst du denn wieder stundenlang", brummt Kniffix, "ich hab dir doch gesagt, daß Nicola mich anrufen wird und jetzt blockierst du die Leitung." "Tschuldigung, Kniffix, das war Wolfgang, du kennst ihn ja". "Jawohl", meint Kniffix, und sein Blick verheißt nichts Gutes. Pfiffix geht noch in sein Arbeitszimmer, schnappt seine Sporttasche und rutscht laut pfeifend das Treppengeländer hinunter. Ganz ungeduldig wartet Kniffix auf den Anruf von Nicola. Er hat das Radio eingeschaltet und ist mit der Welt etwas versöhnt, weil sie sein Lieblingslied spielen. "Mist", meint er, denn eben spricht jemand mitten in sein Lied: "Wir unterbrechen für eine wichtige Verkehrsdurchsage für den Raum Hochschwarzwald. Der Fahrer des Fahrzeugs, amtliches Kennzeichen WT - RK 52 wird dringend gebeten, sein Fahrzeug wegen eines Defektes an der Bremsanlage nicht zu benutzen und sofort anzuhalten. Bitte rufen Sie die nächste Polizeidienststelle an." "Sachen gibt es," Kniffix schüttelt den Kopf und brummt die Melodie mit. "Hoppla, wie war das nochmal, RK 52? Nein, er muß sich getäuscht haben, Wolfgang hat ja gerade angerufen, hab ich mich wohl verhört". Das Telefon schellt. Wie ein geölter Blitz saust Kniffix zum Apparat. "Hier bei Pfiffix, Herr Kniffix am Apparat", meldet er sich mit gekünstelt tiefer Stimme. "Ach, du bist es nur, Susanne", murmelt Kniffix enttäuscht. Susanne Sender, die Frau von Wolfgang, hat er nicht erwartet. "Nein, Wolfgang ist nicht da, hat aber angerufen. Von wo? Das kann ich dir nicht sagen, Susanne. Pfiffix? Nein, Pfiffix ist zum Fußballtraining gegangen. Den kannst du jetzt nicht telefonisch erreichen, der braucht mindestens eine Dreiviertelstunde quer durch die Stadt. Was? Sag das bitte nochmal, Susanne. Natürlich habe ich die Verkehrsdurchsage gehört, aber ich habe nicht auf die Nummer aufgepaßt. Was machen wir denn da? Höchstens 20 - 30 km halten die Bremsen? Hast du schon die Polizei angerufen? Achso, die haben die Verkehrsdurchsage veranlaßt. Nein, hier liegt kein Zettel. Tut mir leid Susanne. Ja, in Ordnung, ich versuche sofort, Pfiffix zu erreichen, vielleicht weiß der wo Wolfgang steckt."

Kniffix legt auf, zieht die Stirne kraus und macht ein unwahrscheinlich dummes Gesicht. Das tut er übrigens immer, wenn er angestrengt nachdenkt. "Wenn ich jetzt Pfiffix nachfahre, dann verlieren wir kostbare Zeit. Nein, laß mich mal nachdenken". Auf einmal springt er auf, rast in das Zimmer von Kniffix und sucht und sucht. Nichts. Kein Zettel liegt auf dem Tisch. Ob er ihn wohl in seinen Aktenkoffer gelegt hat? Kniffix zaudert nicht, entschlossen macht er den Koffer auf. Da fällt ihm ein Zettel entgegen. Kniffix liest: 'Sei nicht so neugierig, Freund Pfiffix!' "Idiot" brummt er, "was bildet der sich denn ein!"

Da, da ist die Gesprächsnotiz von Wolfgang's Gespräch:

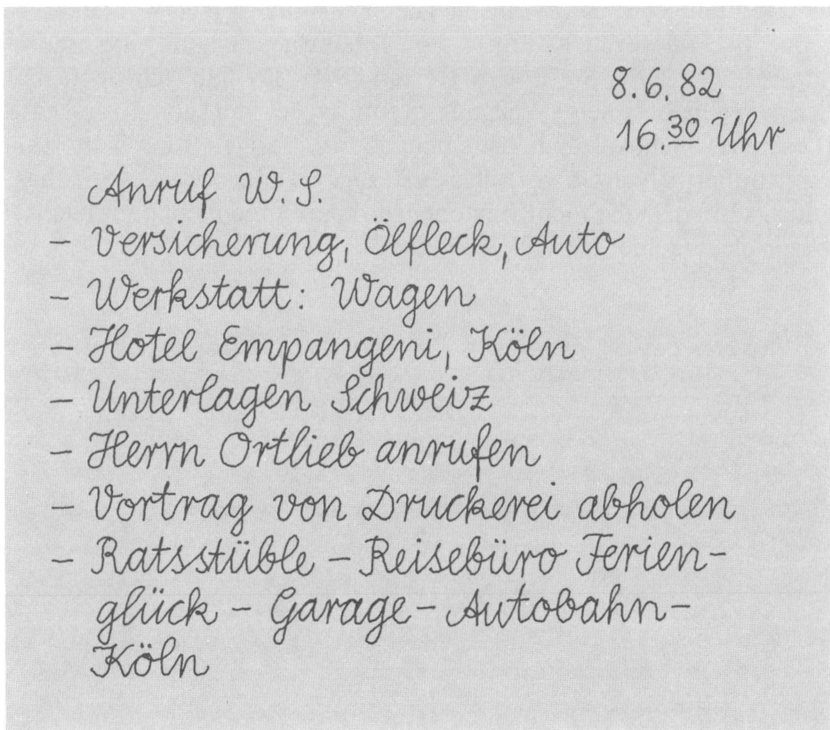
8.6.82
16.30 Uhr

Anruf W. S.
- Versicherung, Ölfleck, Auto
- Werkstatt: Wagen
- Hotel Empangeni, Köln
- Unterlagen Schweiz
- Herrn Ortlieb anrufen
- Vortrag von Druckerei abholen
- Ratsstüble - Reisebüro Ferienglück - Garage - Autobahn - Köln

"Susanne", schreit Kniffix ins Telefon, "ich habe da eine Notiz von Pfiffix gefunden, paß mal auf, eigentlich müßte Wolfgang noch in der Stadt sein; wie ich das hier so sehe, entweder im Ratsstüble, ja Ratsstüble, dem Reisebüro Ferienglück oder - da steht noch irgendetwas von Garage. Ich sause gleich los."

Kniffix braust ab: Reisebüro Ferienglück: Wolfgang war da
Ratsstüble - nein, Herr Sender war nicht da. Natürlich wird man ihm sofort Bescheid sagen.
Garage? Welche könnte das wohl sein . . . ?

Kniffix sieht wieder entsetzlich dumm aus. Wenn das mit dem Ölfleck stimmt, dann wird er wohl eine Garage genommen haben, die nicht weit von seinen anderen Terminorten liegt. Wenn die Garage aber noch nicht fertig ist, dann ist Wolfgang, wie ich ihn kenne, bestimmt einen Kaffee trinken gegangen. Da kommen höchstens fünf Cafes in Frage. Kniffix keucht. "Bin doch nicht mehr der Jüngste . . ." Beim dritten hat er Glück. Wolfgang sitzt da; vor sich ein Kännchen Kaffee und einen Aktenordner. "Bleib, wo du bist, rühr dich nicht vom Fleck, ich bin gleich wieder da", brüllt er quer durch das Cafe. Die Leute schauen ganz mißbilligend, und Wolfgang glaubt, Kniffix ist jetzt wohl übergeschnappt. Von wegen, Kniffix ist zum Telefon gesaust und hat Susanne angerufen, der ein Stein vom Herzen fällt. "Da hab' ich noch mal Schwein gehabt", meint Wolfgang zu Kniffix, der laut schmatzend eine Riesentasse Schokolade nebst einem ebenso riesigen Stück Torte verschnabuliert. "Notizen gut, alles gut", sagt er, oder so was Ähnliches, genau kann man das nicht verstehen, da sein Mund nicht ganz leer ist, was Wolfgang aber taktvoll übersieht . . .

7 Stützen für Notizen

1● Deine Notizen müssen kurz und klar verständlich sein. Notiere nie in ganzen Sätzen – einzelne Stichworte genügen.

2● Notizen müssen lesbar sein. (Geschmiere, das du selbst nicht mehr entziffern kannst, ist nicht nur ärgerlich, sondern wertlos.)

3● Notizzettel nur auf einer Seite beschriften! Laß einen breiten Rand frei für spätere Ergänzungen.

4● Versieh wichtige Notizen mit Überschriften und Datum – so findest du sie schneller und weißt sofort, um was es geht.

5● Notizzettel gehören an die Pinwand, in den Zettelkasten oder verbleiben im Block. (Sie dürfen nicht überall herumfliegen.)

6● Notiere in Stichworten, aber berichte in ganzen Sätzen. (Nimm einen deiner Notizzettel und berichte in ganzen Sätzen, was du nur in Stichworten notiert hast.)

7● Hebe Notizzettel nur so lange auf, wie du sie wirklich brauchst.

Der Wurf ins Schwarze

Die 24 Pfeile unter der Scheibe mit den drei Ringen sind ein wenig durcheinandergepurzelt. Aber du schaffst es ganz bestimmt, die Pfeile in die entsprechenden Felder zu werfen beziehungsweise einzutragen. (Ähnliche Wörter gehören dabei jeweils in einen Ring. Den Pfeil 'hopsen', der übrigens nicht auf unserem Bild zu finden ist, müßtest du also in den Ring 'GEHEN' eintragen. – Ganz einfach, nicht wahr?)
Gut Wurf!

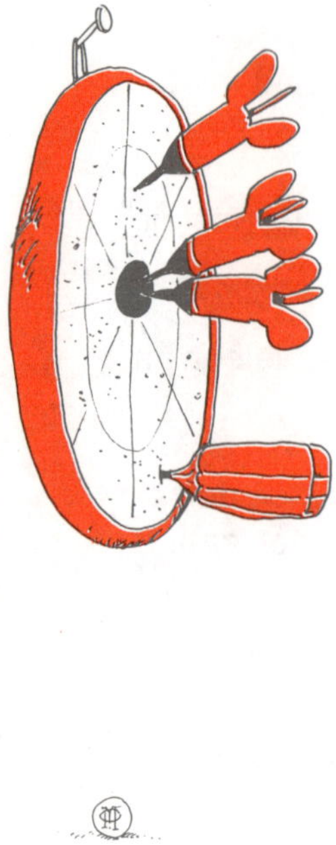

Lösung:

GEHEN: laufen, schlendern, marschieren, schleichen, springen, sausen, eilen, rennen
SAGEN: flüstern, wispern, erzählen, rufen, murmeln, schreien, sprechen, schildern
LEUCHTEN: blinken, blitzen, schillern, glänzen, funkeln, glitzern, glimmern, strahlen

Heute sind die Punkte 23 – 27 geschafft!

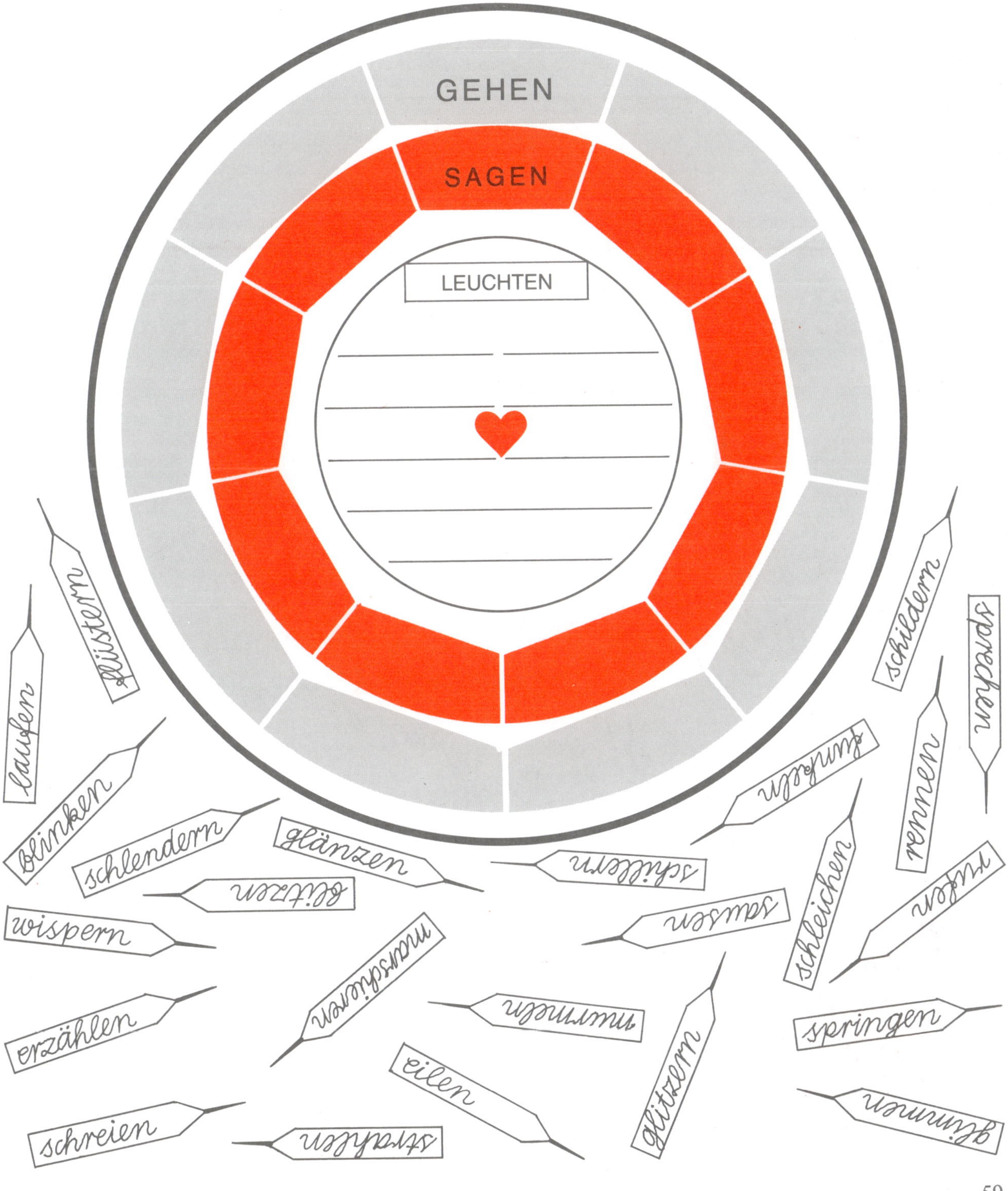
GEHEN
SAGEN
LEUCHTEN
flüstern
laufen
blinken
schlendern
glänzen
blitzen
wispern
erzählen
marschieren
schreien
strahlen
eilen
murmeln
schillern
funkeln
sausen
glitzern
schleichen
schildern
sprechen
rennen
rufen
springen
flimmern

Niemals aufgeben
und den
Mut verlieren!

7 Blick durch die Linse – klick!

Oder: Wie du den richtigen Durchblick bekommst

Als der Mathematiklehrer Ferdinand Sachs, von seinen Schülern nur 'Ferdi' genannt, an diesem grauen Dienstagmorgen die Treppe zum Lehrerzimmer hinaufgeht, da hat er so ein Gefühl, als wäre das heute nicht sein Tag. Mißtrauisch äugt er nach allen Seiten, ob da nicht irgendeiner einen Schabernack – aber nein, er kann nichts Böses entdecken. Bei seinen Schülern ist Ferdinand Sachs wegen zweierlei berühmtberüchtigt. Zum einen ist da seine sprichwörtliche Gerechtigkeit, zum anderen ein Ausspruch: Immer wenn ein Schüler eine Leistung bietet, mit der 'Ferdi' ganz und gar nicht zufrieden ist, greift er nach seinem Notenbuch, leckt den rechten Zeigefinger, blättert und während er schreibt, sagt er: "Sitzen! – Sechs! – (dann eine kleine Pause) – Sachs!"

Ferdinand Sachs ist Mitte fünfzig, hat noch einige wenige Haare, die er sorgsamst pflegt, und er ist verheiratet. Chris aus der 7a behauptet, seine Frau würde 'Dickerchen' zu ihm sagen. Jedenfalls hätte er das im Supermarkt gehört.
Ferdinand Sachs hatte vor ein paar Jahren einen schweren Unfall; seitdem hat er ein künstliches Bein. Er ist seit gut zwanzig Jahren an dieser Landschule und wird wohl hier bis zu seiner Pensionierung unterrichten. Das ist alles, was seine Schüler von ihm wissen. Aber sei ehrlich, wenn du so an deine Lehrer denkst, dann ist das doch schon eine ganze Menge, nicht wahr?
Ferdi steht seufzend, was sonst nicht seine Art ist, beim zweiten Gongen auf und macht sich auf den Weg in die 7a.
Hier herrscht zur gleichen Zeit eine gespannte Arbeitsatmosphäre. Es ist ungewohnt still, mit Hochdruck wird an den letzten Hausaufgaben gearbeitet, denn da läßt Ferdi nicht mit sich spaßen. Bis auf Susanne und Sabine sind alle da. Aber die kommen entweder in der letzten Minute oder (was sehr oft passiert) zu spät.
In der rechten Ecke, ganz hinten, haben sich einige Schüler um Chris versammelt. Der trägt eine dunkelblaue Windjacke, hat den Kragen hochgeschlagen, eine Spiegelreflexkamera um den Bauch und eine runde, dunkle Sonnenbrille auf der Nase. "Morgen, laßt mich mal durch, Leute", sagt Johnny. "Mein Gott, Chris, ist heute Almabtrieb? Du siehst ja aus wie ein hochdekorierter Pfingstochse mit deinen Gukkerchen. Nimm die nur runter, sonst ist dein Nachmittag gelaufen, wenn Ferdi schlecht gelaunt ist." Chris schnaubt, schaut Johnny von oben an und sagt dann: "Ich werde heute den Ferdi fotografieren; dann sieht er mich nicht so genau, weil's dunkler ist." Die Mitschüler wissen nicht, ob sie lachen sollen, oder ob Chris das ernst meint. "Mensch, toll", fährt Johnny fort "wem gehört denn die Super x 18, zeig mal her". "Geburtstagsgeschenk von meinen Herrschaften", meint Chris, "ganz schön kompliziert das Ding. Aber ungeahnte Möglichkeiten. Bis um zwölf hab' ich gestern das Handbuch studiert".
"Na, Prost Mahlzeit", sagt Johnny, "dann wirst du ja wohl kaum etwas behalten haben. Denn wer so spät mit dem Lernen aufhört, und dann noch so viel Neues, da wird nicht viel hängengeblieben sein". "Du, immer mit den schlauen Sprüchen von deinem Onkel Wolfgang. Bin ich froh, daß ich nicht deine Verwandtschaft habe, das ist ja noch schlimmer als bei mir" faucht Chris zurück. Aber sicherheitshalber steckt er jetzt doch die Sonnenbrille in die Tasche.

"Setzen, Herrschaften!" Der Ernst des Tages hat begonnen. Ferdi ist da. Er geht sofort zur Tafel und fängt an herumzufummeln; man schaut sich bedeutungsvoll an: Ferdi hat heute nicht seinen besten Tag. Chris

fotografiert wild drauflos. Klick! Klick! Klick! Ohne sich Zeit zu nehmen und richtig durch den Sucher zu schauen. Er denkt auch nicht an Entfernung. Selbst die Lichtverhältnisse scheinen ihn nicht zu kümmern. Klick! Klick! Klick!
"Das wird doch nie was", flüstert Johnny, "du verwackelst doch alles, verschwende doch nicht den ganzen Film, wen interessiert denn schon der Ferdi von hinten. Verschaff dir doch erst mal einen Überblick. Das wird nie was Anständiges."
"Glaubst du, ich will mich erwischen lassen", flüstert Chris zurück. "Außerdem, wer fotografiert hier, ich oder du?"
"Du fotografierst nicht, du knipst wild herum, du Heuler", erwidert Johnny. "Ha, ha!"

"Johannes, komm bitte an die Tafel! Wollen doch mal sehen, ob du da draußen genau so redselig bist." "Mist, verdammter", murmelt Johnny. "Wo sind wir überhaupt?"
Während Johnny sich an der Tafel wild abkämpft, mit wenig Erfolg, versteht sich, leckt Ferdi schon seinen Zeigefinger, blättert im roten Notenbuch und sagt: "Sitzen! - Sechs! - (kleine Pause) - Sachs!"
Ferdinand Sachs sitzt jetzt so halb auf einer Schülerbank, ihr kennt das ja, und erzählt von den großen Mathematikern (das tut er immer, wenn er keine Lust mehr hat). Einige hören zu, einige schlafen, Chris fotografiert nicht mehr. Uschi spielt verträumt mit einer Stecknadel und macht ein interessiertes Gesicht (deswegen meint Ferdi, sie würde später bestimmt einmal eine gute Mathematikerin, was Chris wiederum ärgert, weil sie meistens die Hausaufgaben nachmittags von ihm abschreibt). Soll sie oder soll sie nicht? Sie zielt langsam, nein besser doch nicht, oder? Gespannt schauen die umsitzenden Schüler zu. Da – es hat geklappt. Mit einem gezielten Stoß hat sie die Stecknadel durch

Ferdis Hosenbein befördert. Dort steckt sie nun - und Ferdi erzählt ahnungslos weiter. Uschi schaut sich triumphierend um, was Ferdi wieder auf seine Erzählungen bezieht, die anderen Schüler grinsen und kichern. "Nachmachen", meint sie zu Waldemar. Das läßt der sich nicht zweimal sagen. Er ist nämlich ganz verknallt in Uschi. Ferdi hat das Gefühl, daß irgend etwas nicht stimmt. Waldemar kramt in seinem Zirkelkasten, montiert die Zirkelspitze ab . . .
"Au! . . ." brüllt Ferdi, die Zirkelspitze fällt zu Boden. "Du Trottel, das andere Bein", zischt Uschi. Ferdi bückt sich nach der Zirkelspitze, will sie aufheben. Wohl ein wenig zu rasch. Es ist totenstill als es krrrrrr . . . macht und der Durchblick auf Ferdis weiße Unterhose freigegeben ist. "Verdammt und zugenäht", brüllt dieser, während die Klasse in Johlen ausbricht.
"Los, fotografier, das wird das Bild des Jahres in der Schülerzeitung. Auf, du Dussel, mach doch schon. Du bist vielleicht eine Trantüte, mach doch." Johnny ist ganz aufgeregt.
"Ich kann doch nicht, mein Film ist voll und ich weiß nicht mehr, wie man den neuen einlegt." Chris ist verlegen und ein wenig kleinlaut.
"Du Superstarreporter, anstatt Stuhlbeine und Ferdi von hinten mit intakter Hose zu knipsen, hättest du besser warten sollen!" Johnny hat eine Stinkwut im Bauch über die verpaßte Gelegenheit.
Ferdi hat sich zurückgezogen, grollend und doch wieder froh, daß er recht hatte mit dem Gefühl heute morgen. Waldemar hofft, daß Ferdi ihn vergessen hat. Chris könnte sich aus lauter Ärger über die verpaßte Gelegenheit in den Hintern beißen. Sauer ist er auch über die Ratschläge, die Johnny ihm mit Filzschreiber auf die Bank geschrieben hat. Ganz dick steht oben drüber "Wie du den richtigen Durchblick bekommst". Daneben hat er einen Esel gemalt. Frechheit, was bildet sich der denn ein. Aber prima gezeichnet hat er den Esel doch. Kniffix heißt er. Na warte, denkt Chris und schaut verstohlen auf das, was Johnny ihm da notiert hat. "Eigentlich gar nicht mal so dumm," brummt Chris. Punkt vier . . . Ah, so ist das.

Ist irgendwie doch ein prima Kumpel, mein Freund Johnny, denkt Chris und liest weiter:

7 Schnappschüsse aus der Lernlandschaft

1 ● Verschaffe dir einen guten Überblick.

2 ● Wer trödelt, kommt immer zu spät ans Ziel. (Schnappschüsse erfordern rasches Handeln.)

3 ● Nimm nie zuviel auf einmal auf!

4 ● Wenn du zuviel auf einmal lernst, z.B. vor Klassenarbeiten, verlierst du den Durchblick. (Du weißt hinterher oft weniger als vorher.)

5 ● Wer vor einer Klassenarbeit zu spät mit dem Lernen aufhört, macht sich selbst verrückt.

6 ● Fotografieren ist besser als Knipsen. (E i n e gute Aufnahme ist mehr wert als v i e l e verwackelte Bilder.)

7 ● Hast du einen guten Durchblick, kannst du auch die Zusammenhänge besser erkennen.

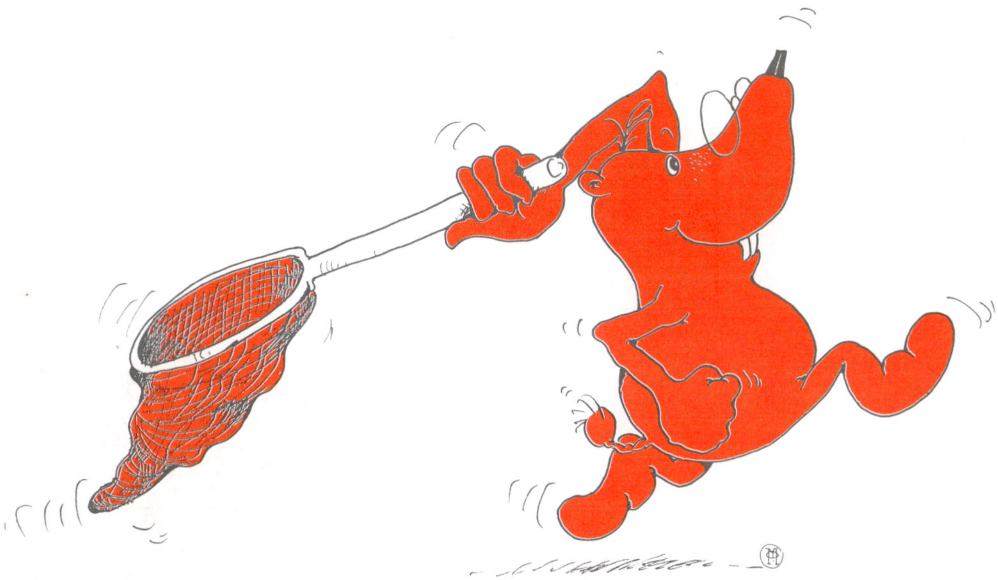

Klick – und jetzt ein paar Probeaufnahmen:

Die 7-er Pyramide

Hier gibt es Sonderangebote an Fotoapparaten! Aber man kann nicht alle Preise erkennen. Weil du jedoch den richtigen Durchblick hast, macht es dir bestimmt keine Schwierigkeiten, die fehlenden zu ergänzen:
Zwei Preise nebeneinander ergeben zusammengezählt den Preis darüber.

Lösung:

294
145 149
69 76 73
32 37 39 34
15 17 20 19 15
7 8 9 11 8 7
3 4 4 5 6 2 5

Für heute: Strich drunter! (die Punkte 27 – 32)

8 Ein Kurzfilm aus der Flimmerkiste

Oder: Vorbei der Ärger mit der Überschrift

"Stammt der Mensch vom Affen ab!?" wiederholt Erwin zornig. "Was soll diese Anspielung?" "Da sieht man mal, wie du auf deinen Ohren sitzt", lästert Kniffix weiter. "Wann ich auch komme, du hast deinen fetten Hintern im Fernsehsessel hängen, schiebst einen Cracker nach dem anderen zwischen die Zähne und glotzt und glotzt und glotzt. - Stumpft der Mensch vom Gaffen ab?" wiederholt Kniffix Wort für Wort sein meisterhaftes Wortspiel.

"Heute kommen nur tolle Sendungen, die muß ich unbedingt sehen!" verteidigt sich Erwin. "Du mit deinen tollen Sendungen" schaltet sich Pfiffix ein, "erstens spielst du am laufenden Band mit der Fernbedienung und schaust keine Geschichte bis zum Ende an und zweitens merkst du nicht einmal, daß du nur das Pausenzeichen anstarrst. Und dann drückst du dir dauernd dieses Crackerzeug in den Kopf. Kein Wunder, daß du beim Spielen eine lahme Ente bist!" Das war Erwin doch zuviel. Wütend springt er auf, drückt die Aus-Taste - vor Wut hat er die Fernbedienung ganz vergessen - und rennt schnaubend weg.

Kniffix und Pfiffix schauen sich verduzt an: "Das war nötig, daß ihm das mal jemand gesagt hat." - "Dabei haben wir ja gar nichts gegen Fernsehen. Heute nachmittag um 16.30 Uhr kommt tatsächlich eine tolle Sendung, die wollen wir ja auch anschauen!" Weil Erwin, mit dem sie vor dieser Sendung eigentlich noch etwas spielen wollten, abgehauen war, gehen sie wieder nach Hause.
Die Sendung "Titelmeisterschaft" wollen sie nicht verpassen. Da kann man nämlich tolle Preise gewinnen. Und das läuft so: Da wird eine spannende Geschichte gezeigt und man muß dafür einen Titel, eine Überschrift finden. Für die besten Vorschläge gibt es dann Preise.
"Eine Minute vor halb, mach die Kiste schon mal an" bittet Kniffix seinen Freund, der mit einem kleinen Vorsprung in die Wohnung saust.
"Es geht gleich los", ruft Pfiffix ganz aufgeregt, "ich hol noch schnell Papier und Bleistift."
Und schon sieht und hört man die Ansagerin: "Und nun, liebe Kinder, viel Spaß bei der Titelmeisterschaft."

Der Film beginnt:

"Nun ja", sagt Herr Bröckelmeier, "das war ja eine wirklich schöne Arbeit. Du hast erstaunlich viel gewußt." Michael ist schon freudig erregt. "Die Arbeit war eine glatte 2, das heißt wäre . . ." Langsam geht er auf Michael zu: "Es ist aber eine glatte 6. - Den Spickzettel hast du im Heft liegenlassen!" Michael springt auf und protestiert, das sei nicht sein Spickzettel. Doch Bröckelmeier ist unbeirrbar. Schließlich verpaßt er Michael noch einen Klassenbucheintrag wegen Frechheit und vorlauten Benehmens.
In der Pause sieht man Michael umringt von seinen ebenfalls entrüsteten Freunden. Er kocht vor Wut: "Das zahl' ich dem heim, dem Schuft, der bekommt's mit mir zu tun. Hier ist mein wirklicher Spickzettel!" Dabei zieht er ein Papierkügelchen aus der Hosentasche, fingert lange daran herum, bis er es auseinanderfalten kann. "Wenn ich den im Heft gelassen hätte, okay, aber so - das hier ist ja gar nicht meine Schrift!" Und wie ein Schiedsrichter die gelbe Karte zeigt, hält er jedem den falschen Zettel unter die Nase. "Der wird sich wundern" droht er weiter. "Jawohl, zeig's ihm" ermuntern ihn die anderen. "Ich weiß nicht", meint Olga, "du solltest nochmal in Ruhe mit dem Bröckelmeier reden. Wenn das nichts bringt, kannst du ja zum Vertrauenslehrer gehen."
"Quatsch mit Soße, die Pauker stecken doch alle unter einer Decke. Dem muß man einen richtigen Denkzettel verpassen", ist Michael immer noch dran. "Bravo, bravo - sollen wir ihm die Luft aus den Reifen lassen, Kitt ins Türschloß schmieren, eine Kartoffel in den Auspuff drücken, Zucker in den Tank schütten . . ." schwirren alle möglichen Vorschläge durch die Luft.

"Mo-o-o-ment!" ruft Jojo. Plötzlich sind alle mucksmäuschenstill. Geheimnisvoll flüsternd, fast feierlich erklärt er, während alle die Köpfe zusammenstecken: "Der Bröckel hat doch solch eine panische Angst vor allem, was nach Schlange aussieht. Der ist doch als Kind von einer Kreuzotter gebissen worden – und wenn er jetzt so ein Schlangentier sieht, wird er ganz blaß, kriegt das große Zittern und schnappt nach Luft. Der hat irgend so ein psychologisches Syndrom oder wie das Ding heißt. Ich glaube, dem bricht schon bei einem Regenwurm der Angstschweiß aus." – "Mensch, du spinnst ja, ich glaub', dein Staubsauger blockt, hahaha, mein Bandwurm tanzt schon Tango, mein Teddybär kriegt Junge", lachen alle durcheinander. "Doch, ich schwöre es", beteuert Jojo, "mein Bruder war mit dem Bröckel auf Klassenfahrt, da hat er es selber erzählt. Der macht sich in die Hose, wenn der so ein Tierchen sieht!"
Es klingelt, die nächste Stunde beginnt – und so hat das Pläneschmieden ein jähes Ende.

Am nächsten Morgen: der erste Ärger ist schon verflogen. "Kommt Bröckel heute nicht?" fragt Jojo in die Klasse. "Nee, sein Auto steht auch nicht da. Der hat bestimmt wieder verschlafen, heute ist ja Donnerstag und mittwochs ist doch sein Kegelabend . . ."
Nach einigen Minuten geht die Türe auf, und der Direx kommt herein. Mit ihm zwei Herren, die aussehen, als kämen sie vom Oberschulamt. "Nun hört mal zu", läßt der Chef seinen tiefen Baß ertönen, "das ist Kommissar Haas und sein Assistent Lampe." Einige kichern. "Ein Kommissar!?" spottet Erwin, "dafür sieht der aber mickrig aus. Im Fernsehen . . ." – "Schnauze", raunt Michael. "He, he, ein bißchen mehr Ruhe da hinten", ermahnt der Direx. Wieder herrscht Totenstille. "Herr Bröckelmeier ist schwer krank in der Klinik. Es geht ihm gar nicht gut. Ihr wißt, daß er Herzgeschichten hat und das hat jemand ausgenutzt und ihm mit Eilboten ein Päckchen geschickt . . ." Der Direktor blickt prüfend in die Klasse. "Herr Bröckelmeier hat das Päckchen heute morgen geöffnet und . . ." Wieder blickt er durch die dicke Hornbrille bohrend in die Runde. "Und er entdeckte eine – Blindschleiche. Da bekam Herr Bröckelmeier einen Herzanfall!" – Eine lange Pause. Jetzt könnte man sogar hören, wenn Watte auf den Boden fiele. "Gottseidank konnte Frau Ernst" – das ist die Biolehrerin, die im gleichen Haus wohnt – "sofort den Notarzt verständigen. Freunde, das ist kein Spaß mehr und wir müssen den Täter herausfinden!" donnerte der Direktor diesen letzten Satz heraus. "Mist", flüstert Michael, "jetzt bin ich dran". Nun sieht man den Kommissar eifrig beschäftigt: Hefte werden wegen der Schrift verglichen, jeder muß sagen, was er am letzten Nachmittag gemacht hat und sogar seine Schuhgröße muß jeder nennen. Die Blindschleiche war nämlich in einem Schuhkarton. Schuhgröße 39 stand drauf. Michael und Jojo haben beide 39. Aber auch noch viele andere in

der Klasse. "Das führt uns doch nicht weiter", krächzt der Assistent Lampe. Und die drei Herren ziehen sich mit bedächtigen Schritten zurück.
"Du brutales Miststück", hacken in der Pause alle auf Michael herum. "Ich war's doch gar nicht!" wehrt er sich verzweifelt, "ich war's wirklich nicht!"
"Mensch, gib's doch zu", ruft Jojo aufgeregt, "ich hab' dich doch gestern zur Hauptpost gehen sehen!" – "Ja, aber ich hab' das Päckchen nicht geschickt", versucht Michael seine Unschuld zu beweisen. Es ist ihm zum Heulen zumute. Denn er war es tatsächlich nicht.
Am nächsten Tag kann er nicht zur Schule gehen. Ihm ist richtig schlecht, so sehr ist ihm die Geschichte auf den Magen geschlagen.
Aber noch jemand ist ziemlich bleich im Gesicht: Jojo. Ihm ist es jetzt auch recht mulmig zumute. "Wie komme ich da bloß raus?" quält er sich den ganzen Vormittag herum. Am Nachmittag in der Klinik: die Tür geht auf und man sieht eine Jungenhand mit einem Blumenstrauß. Frau Ernst, die bei Herrn Bröckelmeier am Krankenbett sitzt, steht auf, als immer noch nur die Hand mit dem Blumenstrauß zu sehen ist. "Ach, der Jojo!" ruft sie erstaunt. "Schön, daß du an Herrn Bröckelmeier denkst und ihn besuchen willst." Jetzt kommt Jojo mit gesenktem Haupt herein, reicht Bröckelmeier verschämt die Hand: "Es tut mir leid . . ." und als er die ganzen Flaschen, Schläuche und Spritzen sieht, fängt er zu heulen an. "Ja, Jojo", hält Bröckelmeier immer noch seine Hand, "das hättest du nicht tun dürfen. Da müssen wir uns schon überlegen, wie du das wieder gutmachen kannst. Aber schön, daß du gekommen bist." Dabei drückt er Jojo fest die Hand und legt die fünf Rosen auf seinen Nachttisch.
"Ich komme zweimal die Woche zum Rasenmähen", schlägt Jojo hastig vor, dem ein Stein vom Herzen fällt, daß er es geschafft hat, seinen bösen Streich zuzugeben.
"Ich muß noch zu Michael und den anderen", verabschiedet er sich schnell. "Die meinen nämlich alle noch, er wäre es gewesen." Eine Zeitlang war ihm das auch ganz recht, aber so ist es ihm doch wohler. Erleichtert saust er los, als Frau Ernst ihm auf dem Gang nachruft: "Jojo, warte mal, ich muß noch ein Wörtchen mit dir reden." Jojo ahnt nichts Gutes. "Also ich fand es toll, daß du Herrn Bröckelmeier besucht und dich entschuldigt hast. Auch mit dem Rasenmähen – das ist ganz in Ordnung. "A-a-ber" und mit diesem langgezogenen A-a-ber schaut sie Jojo fragend in die Augen. Jojo läuft im Gesicht so rot an wie die Rosen, die er Herrn Bröckelmeier mitgebracht hat. "Na?" bohrt Frau Ernst weiter. "Ich hatte – ich wollte – mein Taschen – ich hatte kein – mein Geld – ich wollte kein Taschen – ich hatte kein Taschengeld mehr und ich – ich wollte die Sache aber hinter mich bringen . . .", stottert Jojo. "Jaja, ich weiß, Jojo, ich habe dich nämlich beobachtet, als du in meinem Garten warst . . . Meine Rosen, nicht? – Also, meinen Rasen kannst du dann gleich mitmähen!"

Kniffix knipst die Flimmerkiste aus: "Mensch, das war ja stark, glotzoforte. Warum können die nicht öfter so was bringen?"
"Laß uns schnell eine Überschrift suchen", erinnert Pfiffix an die Preisaufgabe. "Ich möchte den ersten Preis gewinnen. Da gibt es einen Ferienkurs bei der Ferienbetreuung Endres vom Studienhaus St. Blasien zu gewinnen. Da wollte ich schon immer mal mit. Zum Aufpolieren unserer Methodik wär' das gar nicht übel!" - "Also auf, laß uns einen schönen Titel suchen!"
Ja, wie wär's, suchst du mit? Wenn du für den Mini-Krimi eine schöne Überschrift gefunden hast, schicke sie auf einer Postkarte an: Studienhaus St. Blasien, Postfach 1105, 7822 St. Blasien. Für die besten Überschriften gibt es schöne Preise, für die allerbeste tatsächlich einen solchen Ferienkurs. Wenn du vorher erfahren willst, was das für Kurse sind, kannst du bei der gleichen Adresse einen kostenlosen Prospekt anfordern.
Doch zurück zur Überschrift: Vielleicht bekommst du durch die 7 Kanäle zum Gedankenordnen eine tolle Idee!?

7 Kanäle zum Gedankenordnen

Überlege:

1 ● Wer ist die wichtigste Person oder wer spielt die Hauptrolle?

2 ● Was tut diese Person besonderes?

3 ● Wo spielt die Geschichte?

4 ● Wann passiert etwas Auffälliges?

5 ● Wie verhalten sich die anderen Personen zur Hauptfigur?

6 ● Warum verhalten sich die Personen so?

7 ● Welcher Titel paßt nach all diesen Fragen zu unserer Geschichte am besten?

Aufgepaßt! Was paßt wie zu wem? – Eine Übung zum Gedankenordnen:

Was paßt zusammen?

	Berg und Tal unten, neben, über	wie	oben	und	UNTEN
1.	Auto und Straße Himmel, Erde, Fluß	wie	Schiff	und	______
2.	Hammer und Zange Tasse, Messer, Teller	wie	Gabel	und	______
3.	Meer und Wasser Oase, Sand, Palme	wie	Wüste	und	______
4.	suchen und finden, singen, antworten, laufen	wie	fragen	und	______
5.	hell und dunkel grün, rot, schwarz	wie	weiß	und	______
6.	Kugel und rund lang, spitz, eckig	wie	Würfel	und	______
7.	Tag und Stunde Sekunde, Monat, Woche	wie	Jahr	und	______
8.	Schule und Lehrer Direktor, Pferd, Wagen	wie	Zirkus	und	______
9.	Kuchen und süß grün, lecker, salzig	wie	Hering	und	______
10.	alt und jung neu, schön, bereit	wie	gebraucht	und	______

Lösung:

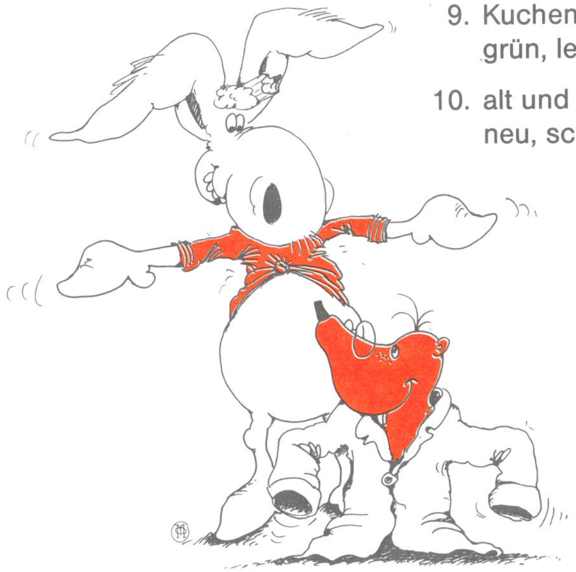

Jetzt sind noch die Punkte 32 – 39 fällig

Niemals sagen: "Das kann ich nicht!"
– Kann ich nicht, heißt in
Wirklichkeit: "Ich will nicht!"

9 Einkehr in die Zettelwirtschaft

Oder: Wie du dich beim Aufsatz nicht verzettelst

Tiefer Winter. Lausig kalt. Überall Schnee und Eis. Herr Strotz ist heute wieder auf seinem Skatabend. Jeden Montagabend trifft er sich mit seinen Kollegen in der Waldgaststätte "Zur Zitadelle", kurz Zettelwirtschaft genannt.

Auch Kniffix und Pfiffix sind manchmal dort anzutreffen, wenn sie nach einer Schneewanderung einen heißen Tee trinken. Vergnügt schauen sie dann immer dem kleinen Otto zu, dem Sohn des Zitadellenwirtes. (Ottos Klassenkameraden sagen deshalb auch Frikadelle zu ihm.)

Frikadelle – Entschuldigung – Otto muß seine Hausaufgaben immer in der Wirtsstube machen. Heute hat er dort einen Aufsatz geschrieben. Kniffix und Pfiffix haben ihn beobachtet: "Das ist irre komisch – aber saugut", freut sich Pfiffix. Das aber wollen sie dir später erzählen.

Zurück zu Herrn Strotz. Der Name übrigens paßt sehr gut zu ihm. Wenn ihn jemand auf sein Auto, einen Audi, anspricht, betont er immer: "Was heißt Audi, das ist ein 200-er Turbo!" (Strotz! Strotz!) Herr Strotz kann zwar strotzen, aber Autofahren kann er so gut wie ein Ochse Schlittschuhlaufen. Hier ist der Beweis:

Der Skatabend ist vorbei, Herr Strotz stapft durch den Winterwald zum Waldparkplatz, wo er seinen 'Schlitten', den erwähnten Turbo, geparkt hat. Es hat kräftig geschneit. Erst muß er den vielen Schnee vom Auto schaffen. Da er nichts anderes dabei hat, schabt er mit seinem Hut die Fenster frei. Nun will er die Türe aufschließen. Zugefroren. Wie wild stochert er mit dem Schlüssel an dem Schloß herum, bricht fast den Schlüssel ab, da fällt ihm ein, daß er es mit seinem Feuerzeug probieren könnte. So hat er es dann bald geschafft. Er startet. Sein Turbo springt auch sofort an. Herr Strotz legt den Rückwärtsgang ein, gibt Gas – die Räder drehen durch. Herr Strotz gibt noch mehr Gas, die Räder heulen und singen, das Auto aber bleibt auf der Stelle stehen. Herr Strotz wird ganz nervös. Er gibt immer mehr Gas, ruckt wie ein Dreijähriger auf dem Schaukelpferd hin und her, gibt noch mehr Gas, sieh da, die Reifen singen und heulen nicht nur immer heller und lauter, nein, jetzt kann man sie auch riechen - es stinkt wie nach verbranntem Gummi.

Herr Strotz ist knallrot im Gesicht und obwohl es eisig kalt ist, fängt er an zu schwitzen. "Kühlen Kopf behalten", befiehlt er sich genau in diesem Augenblick. Er stellt den Motor wieder ab, nimmt seine Fußmatte, legt sie so weit er kann unter das linke Vorderrad, steigt wieder ein, startet, gibt Gas - flutsch, saust die Fußmatte in den Wald. "Ich muß doch hier raus!" jammert Herr Strotz jetzt weinerlich. Motor aus - Aussteigen - Fußmatte suchen - ein paar Tannenzweige sammeln - so befiehlt er sich die nächsten Schritte. Dritter Versuch: Auch die Tannenzweige helfen nicht weiter. Inzwischen haben die Reifen sich immer tiefer in den Boden gegraben und ein spiegelglattes Loch gerieben. Da kann niemand mehr starten.

Wutschnaubend schaltet Herr Strotz den Motor aus, zieht den Schlüssel ab, knallt die Tür zu, vergißt das Abschließen und stapft zurück zur Zettelwirtschaft. Hier ist aber schon alles dunkel. Inzwischen ist es schon Mitternacht vorbei. "Was mache ich bloß?" beginnt Herr Strotz sich zu fürchten. Es ist so still, daß er sein Herz klopfen hört. Da, was war das? Krrr-pt-füü - krrr-pt-füü - krrr-pt-füü. Als ob ein Tier grollend knurrt und dann drohend faucht. Da wieder: Krrr-pt-füü - krrr-pt-füü - krrr-pt-füü. Und immer lauter, ganz regelmäßig: Krrr-pt-füü - krrr-pt-füü - krrr-pt-füü. Herr Strotz zittert am ganzen Körper - vor Kälte und vor Angst. Er sieht sich schon im Geiste einem wilden Tier gegenüber. Da wieder: Krrr-pt-füü - krrr-pt-füü - krrr-pt-füü. "Weglaufen hat keinen Zweck", schießt es ihm durch den Kopf. "Mein Gott, wenn sich da ein wildes Tier anschleicht, das reißt mich in tausend Stücke, wo die in diesem bitterkalten Winter kaum was zu fressen finden." Und wieder: Krrr-pt-fü - krrr-pt-füü - krrr-pt-füü. Ganz nah drückt er sich an die Hauswand, er will um Hilfe rufen, aber die Angst schnürt ihm die Kehle zu. Jetzt hört er es ganz nah und ganz deutlich: Krrrrr-pt-füüüü - krrr-pt-füüüü - krrrrrr-pt-füüüüüh.

"Nein, bitte nein!" schreit er auf einmal mit ganzer Kraft. ". Ein, . itte . ein", schallt das Echo vom Wald zurück. Und dann Totenstille.

"Was ist denn hier los", poltert auf einmal der Zettelwirt, öffnet den Fensterladen und ruft: "Hallo, wer ist da? - Was soll denn das Theater, kann man denn nicht mal im Wald ruhig schlafen?"

"Ich bin's, der Strotz", haucht dieser - und fast hört man das Klappern seiner Zähne stärker als sein Wimmern. "Bitte, Zettelwirt, laßt mich rein, hier muß ein wildes Tier sein", bettelt er. "Mann, Strotz, hier gibt es keine wilden Tiere." - "Doch, ich hab's doch die ganze Zeit gehört: 'Krrr-pt-füüü'", versucht er das Geräusch nachzumachen. Jetzt lauschen beide in die Winternacht. Nichts zu hören - absolut nichts. "Hahaha - hahaha - hahaha!!", lacht der Zettelwirt schallend los. "Hahaha - hahaha", kriegt er sich fast nicht mehr ein. "Mann, Strotz, das muß ich gewesen sein, ich schnarche nämlich wie ein Bär, hahaha, hahaha!!" "Das find' ich aber gar nicht komisch", sagt Herr Strotz beleidigt.

Dann aber trägt er sein Anliegen vor, der Zettelwirt zieht sich warm an, weckt noch seinen Bruder und zu dritt marschieren sie zum Waldparkplatz. "1 - 2 - 3 - Hau - Ruck, 1 - 2 - 3 - Hau - Ruck!" und schon ist der Turbo des Herrn Strotz aus dem eisglatten Startloch gedrückt. Strotz braust nach Hause, wo ihn seine Frau mit einem Donnerwetter empfängt. Strotz kann nichts mehr sagen. Er ist fix und fertig. Diesen Tag, besser diese Nacht, wird er so schnell nicht mehr vergessen . . .

"So ein Erztrottel, dieser Superdepp", schimpft der Bruder des Zettelwirts, und die beiden stapfen kopfschüttelnd 'Zur Zitadelle' zurück.

Ach ja, da ist ja noch die Sache mit dem kleinen Otto, der Frikadelle. Kniffix und Pfiffix haben ihm bei den Hausaufgaben zugeschaut.

Otto hatte sich ein abgedroschenes Skatspiel unter den Nagel gerissen und benutzt es seitdem als "Aufsatztrainer", wie er es nennt. Mit Filzschreibern notiert er auf jeder Karte ein Stichwort, das ihm zu dem gestellten Thema einfällt. Dann macht er eine Matheaufgabe, nimmt anschließend wieder den "Aufsatztrainer", beschriftet ein paar weitere Karten, legt sie wieder weg, macht danach Biologie, greift erneut zum "Aufsatztrainer", schreibt nochmals ein paar Stichworte auf einzelne Karten. "So", sagt er dann verheißungsvoll, "jetzt zum nächsten Schritt!" Dabei legt er alle Karten auf dem großen Biertisch aus: "Hier ist meine Stoffsammlung!" Jetzt nimmt er Karte für Karte auf, sortiert sie der Reihe nach, legt einzelne Karten wieder hin, sortiert neu, bis er das ganze Kartenspiel in der Hand hält. Wie ein Zauberer hält er die Karten hoch: "Das war der zweite Schritt: die Gliederung! Jetzt brauche ich aus den einzelnen Stichworten nur noch kurze Sätze bilden – und fertig ist mein Aufsatz!"

"Das ist ja eine ulkige Nudel, die Frikadelle", staunt Pfiffix. "Laß mal", lenkt Kniffix ein, "das ist fast wie ein Gewinn im Lotto, dieser Trick vom Otto!"

Recht und schön, wirst du jetzt sagen, aber was hat die Reifengeschichte des Herrn Strotz mit dem Aufsatztrainer von Otto zu tun?
Ganz einfach: Wenn du bei einem Aufsatzthema nicht recht weiterkommst, dich festgefahren hast und dir nichts mehr einfällt, dann bringt es gar nichts, wenn du ständig weiter darauf herumkaust und wie ein Irrer Gas gibst.
Da ist es schon besser: Abschalten - was anderes machen - neuer Anlauf - abschalten - wieder was anderes machen - nächster Anlauf - Abfahrt!
So vermeidest du, trotz aller Kraftanstrengung an einer Stelle hängenzubleiben und vor lauter Wut am Schluß noch durchzudrehen - denn das stinkt dir doch. (So, wie beim Anfahren auf Glatteis durchdrehende Reifen zu stinken anfangen . . .)

7 Schnipsel aus der Ideenkiste

1. Schreibe jede Idee auf einen eigenen Zettel. Sammle möglichst viele Ideen.
2. Fällt dir nichts mehr ein, grüble nicht zu lange, beiß' dich nicht fest.
3. Lege die Zettelsammlung beiseite und mache etwas anderes, z.B. Mathematikaufgaben.
4. Sicher ist dir in der Zwischenzeit etwas Neues eingefallen, was du jetzt aufschreiben kannst.
5. Lies alle Zettel nochmals in Ruhe durch: Eine Idee kommt selten allein. (Bereits gefundene Ideen bringen dich häufig auf neue Ideen.)
6. Ende der Ideensammlung! – Lege die Zettel nebeneinander vor dich hin.
7. Die brauchbaren Ideenzettel ordnest du jetzt wie ein Kartenspiel. Achte auf die richtige Reihenfolge. (Sortiere so lange, bis der Ablauf deiner Geschichte stimmt.)

Was du gerade gelernt hast, ist in der Lösung des nächsten Rätsels zusammengefaßt:

Suche das Gegenteil!

Die Anfangsbuchstaben ergeben dabei von oben nach unten gelesen einen Tip von Kniffix!

1. stark ______
2. Ende ______
3. wach ______
4. Angst ______
5. kochendheiß ______
6. Tadel ______
7. Tag ______

8. nie ______
9. Winter ______
10. naß ______

11. schlau ______
12. außen ______
13. Flut ______

14. Fernweh ______
15. Wiedersehen ______
16. traurig ______
17. einfarbig ______
18. hügelig ______

19. Jugend ______
20. Zwerg ______
21. schmal ______
22. rund ______
23. langweilig ______
24. hoch ______

Schwach, Anfang, müde,
Mut, Eiskalt, Lob, Nacht,
Immer, Sommer, trocken,
Dumm, innen, Ebbe,
Heimweh, Abschied,
Lustig, Bunt, Eben,
Alter, Riese, Breite,
Eckig, Interessant, Tief.

Lösung:

Lösungsspruch:
Sammeln ist die halbe
Arbeit

Der Lösungsspruch: ______ ______ ______ ______ ______

Weiter geht's von 39 – 46!

10 Alles Käse

Oder: Probieren geht über Studieren

Pfiffix hat heute ein paar Rezepte für dich vorbereitet, die ganz einfach sind und dir sicherlich gelingen werden. Zunächst frage deine Mutter, ob Du ihre Küche benutzen darfst; sie ist aber ganz bestimmt damit einverstanden.
Wenn du einige Grundregeln (dein persönliches Küchen 1 x 1) beachtest, dann werden deine ersten Koch- und Bruzzelversuche sicher ein Erfolg:

1. Zunächst liest du das Rezept genau durch.
2. Dann stellst du die Küchengeräte, die du benötigst und die abgewogenen Zutaten bereit.
3. Gehe Schritt für Schritt vor! Die einzelnen Arbeitsschritte sind jeweils auf dem Rezept gekennzeichnet.
4. Die notwendige Koch- oder Backzeit stellst du auf einem Wecker ein. Natürlich kannst du genauso gut deine Armbanduhr benutzen, nur mußt du dann aufpassen, daß du die Zeit nicht verpaßt.
5. Vergiß nie den Herd auszuschalten, wenn du mit dem Kochen oder Backen fertig bist. (Sind alle Lichter aus, stehen alle Knöpfe auf 'Null'?

6. Ganz klar, daß man seinen Arbeitsplatz (die Küche) ordentlich verläßt. Du stellst alle Lebensmittel und Geräte an ihren Platz zurück. Auch das Spülen und Abtrocknen vergißt du nicht.
7. Du kochst nur, wenn deine Mutter oder dein Vater zuhause sind. Grundregel: Kochen – allein nie!

Gut Kochtopf!
(Hoffentlich ist vom Naschen noch etwas übriggeblieben . . .)

Käse-Tomaten-Toast . . .

Was du alles brauchst:	Pro Person eine Scheibe Weiß-, Graubrot oder Toast (je nach Geschmack); 1 Tomate, 1 Scheibe Käse
zunächst:	Grill einschalten Tomaten in Scheiben schneiden
danach:	- Toaste die Brotscheiben im Grill auf einer Seite. - Belege die ungetoastete Seite des Brotes mit den Tomatenscheiben und decke diese mit der Scheibe Käse zu. - Grille den Käse-Tomatentoast so lange, bis die Käsescheibe weich geworden ist.

Vielleicht magst du keinen Käse-Tomaten-Toast. Dann probier doch mal:

Spaghetti mit Butter

Dazu brauchst du:	2 Liter Wasser, 1 Teelöffel Salz, 500 g Spaghetti, 125 g Butter, 6 Eßlöffel geriebenen Parmesankäse, 1 Messerspitze Pfeffer
Schritt für Schritt:	- Bringe das Wasser zum Kochen und gib das Salz dazu. - Halte die Spaghetti in einer Hand und lasse sie ins kochende Wasser gleiten. - Koche die Spaghetti etwa 12 Minuten.
STOP	- Gieße das Wasser ab (Das läßt du am besten deine Mutter machen, damit du dich nicht verbrühst).
	- Rühre die Butter dazu. - Würze mit Pfeffer und streue den Käse darüber.

Wenn du aber Spaghetti Bolognese servieren möchtest, dann koche die Spaghetti wie beschrieben und lies die folgende Anweisung durch.

Soße Bolognese

Zutaten:	2 kleingehackte Zwiebeln, 60 g Margarine, 250 g Rinderhackfleisch, 1 Messerspitze Salz, 1 Messerspitze Pfeffer, 1 Teelöffel gehackte Petersilie, 1 kleine Dose Tomatenmark, 1 Tasse heißes Wasser, 1 Brühwürfel
die Soße:	1. Erhitze das Fett (Margarine) in einem Topf und röste darin Zwiebelstücke etwa 5 Min. lang, bis sie glasig aussehen. 2. Gib das Hackfleisch hinzu und brate es auf allen Seiten so lang, bis es hell geworden ist. 3. Würze mit Salz und Pfeffer und streue die gehackten Petersilien darüber. 4. Löse den Brühwürfel in warmem Wasser auf und gieße die Brühe über das Fleisch. 5. Rühre das Tomatenmark dazu und lasse alles etwa dreißig Minuten bei mittlerer Hitze kochen.

Extratip:	Bei Spaghetti Bolognese solltest du den Parmesankäse erst zum Schluß auf das fertige Gericht geben.

Vergiß nicht: ▽ Gut vorbereitet ist halb gekocht!

Wenn du jetzt so richtig Spaß am Kochen gefunden hast und weitere Rezepte ausprobieren willst, so laß dir doch von deinen Eltern schenken:
Edith Schindler, 'Wenn ich großen Hunger hab, fang ich an zu kochen' – Rezepte und Geschichten für Kinder in der Küche – Beltz und Gelberg Verlag

So und jetzt guten Appetit, sonst werden die Spaghetti kalt . . .

7 Zutaten für gesunde geistige Nahrung

1● Gestalte deinen Arbeitsplatz gemütlich. (Du mußt dich dort wohlfühlen – das geht auch ohne Spielsachen.)

2● Arbeite nur an diesem Platz. (Mit deinen Heften in der ganzen Wohnung herumwandern, macht andere nervös und lenkt dich ab.)

3● Lerne zur richtigen Zeit. (Direkt nach dem Essen ist nicht die beste Zeit.)

4● Überlege, was du alles zu tun hast.

5● Besorge dir das notwendige Handwerkszeug (Bleistift, Lineal, Zirkel, gefüllter Füller, Filzschreiber, Papierkorb usw.)

6● Setze dir selbst eine Zeit, in der du mit den Aufgaben fertig sein willst. (Versuche, diese Zeit einzuhalten.)

7● Räume nach getaner Arbeit auf. Jetzt kannst du deinen Erfolg echt genießen.

Der Drehwurm

Paß nur auf, daß du bei der nächsten Übung keinen Drehwurm bekommst. Es geht nämlich immer rechtsherum! Der letzte Buchstabe des ersten Wortes ist immer zugleich der Anfangsbuchstabe des zweiten usw.

Hier ein Beispiel:

Saal, Lamm, Meer, Raus

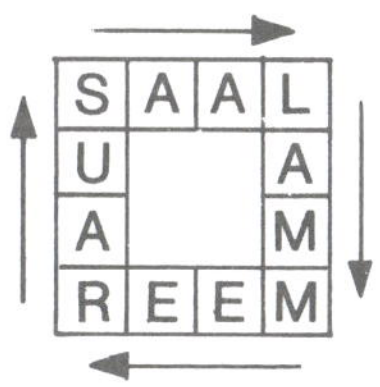

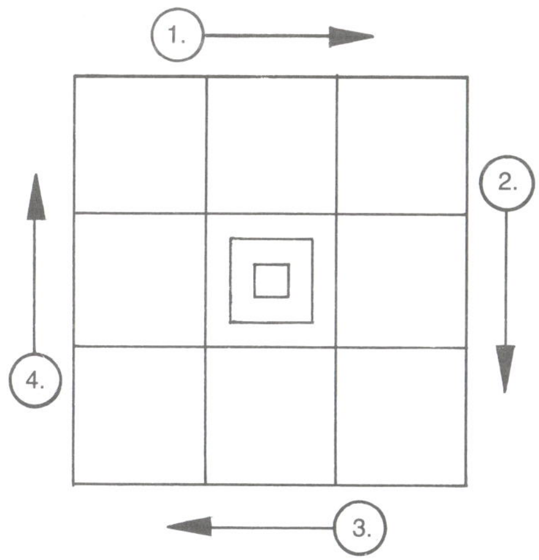

Mit drei Buchstaben:
1. Gefrorenes
2. Gewässer
3. Zahl
4. Märchenfigur

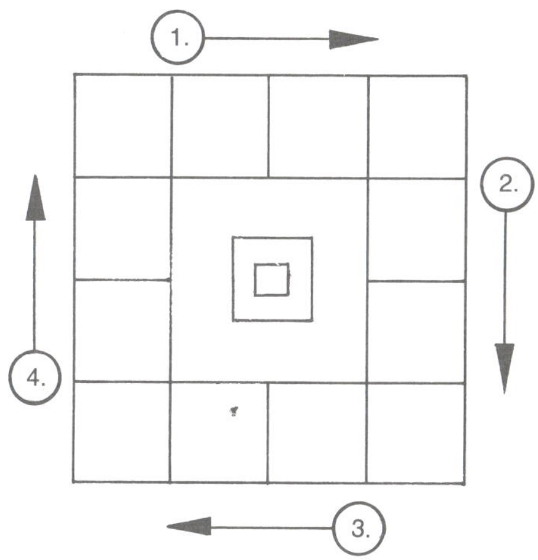

Mit vier Buchstaben:
1. Gestade (am Fluß entlang)
2. Nicht eckig
3. Frau
4. Rankengewächs

Mit fünf Buchstaben:
1. Niederschlag
2. Zwischen Abend und Morgen
3. Gegenteil von Lob
4. Vorratsraum

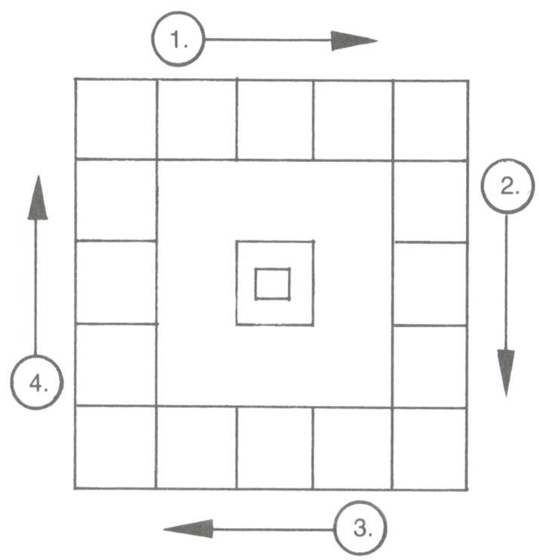

Lösungen:

Jetzt sind die Punkte 46 – 55 erreicht!

Wer sich
langweilt, ist selber
langweilig.

11 Die Hottentottenakrobatik

Oder: Was tun, wenn Aufgaben verwirren

"Zwischen zwei Zwetschgenzweigen sitzen zwei zwitschernde Schwalben." Wenn du selbst diesen Satz liest, hast du bestimmt keinerlei Schwierigkeiten, den Sinn zu verstehen. Wenn du den Satz aber einem anderen vorliest, kann es möglicherweise zu einiger Verwirrung kommen. Versuch's mal: Zwischen zwei Zwetschgenzweigen sitzen zwei zwitschernde Schwalben. Na?

Pfiffix erging es gestern abend nicht viel besser. Kniffix kam nach Hause und las ihm eine Geschichte vor. Das reinste Kauderwelsch. Pfiffix hat kaum etwas verstanden. "Das ist ja Hottentottenakrobatik", stöhnte er. "Ja, natürlich", schnauft Kniffix, "genau darum geht es ja." Und er las Pfiffix die Geschichte ein zweites Mal vor. Er bemühte sich dabei, wesentlich langsamer zu lesen. Am besten du liest gleich mit. Und zwar wie Kniffix: 1. laut und 2. langsam:

"Wie Ihnen vielleicht bekannt sein dürfte, gibt es im Hottentottenlande das 'Känguruh' oder die 'Beutelratte'. Besagte Beutelratte pflegt man in Gattern, genannt Kotter, aufzubewahren, welche mit Lattengitter- und Wetterschutzvorrichtungen versehen sind. Man nennt sie infolgedessen Lattengitterwetterkotter und die Beutelratten, die man darin aufbewahrt, die Lattengitterwetterkotterbeutelratten. Nun lebt im Hottentottenlande eine Hottentottenmutter, welche zwei Kinder hatte, die stotterten und an Trottolosis litten, man nannte sie infolge dessen Hottentottenstottertrottelmutter. Auf besagte Hottentottenstottertrottelmutter wurde ein Attentat verübt, und man nannte den Attentäter den Hottentottenstottertrottelmutterattentäter. Besagter Hottentottenstottertrottelmutterattentäter wurde jedoch gefangengenommen und in ein Lattengitterwetterkotter gesperrt, in dem sich eine Lattengitterwetterkotterbeutelratte befand. Nach einiger Zeit kniff die Lattengitterwetterkotterbeutelratte aus, und wiederum nach einiger Zeit meldete sich auf dem Bürgermeisteramt ein Mann und sagt: 'Herr Bürgermeister, ich habe die Beutelratte gefangen.' – 'Ja, welche Beutelratte haben Sie denn gefangen?' – 'Herr Bürgermeister, ich habe die Beutelratte gefangen, die in dem Lattengitterwetterkotter saß, in dem der Hottentottenstottertrottelmutterattentäter gefangen war.' – 'Ach so,' sagte der Bürgermeister, ' da haben Sie also die Hottentottenstottertrottelmutterattentäterlattengitterwetterkotterbeutelratte gefangen? Nun, dann nehmen sie hier die Hottentottenstottertrottelmutterattentäterlattengitterwetterkotterbeutelrattenfangprämie in Empfang und gehen Sie befriedigt nach Hause." (Diese Hottentottengeschichte steht in 'Mein Lesebuch' von E. Zahn)

"Puh, wie soll ich daraus schlau werden?" jammert Pfiffix. "Mir brummt der Schädel, ich weiß überhaupt nicht, worum es eigentlich geht!" Aber irgendwie hat ihn doch der Ehrgeiz gepackt. "Gib mal bitte her, Kniffix, das muß ich noch einmal selbst lesen, vom Zuhören allein kapiere ich das nicht!" Er holt tief Luft, schließt die Augen, konzentriert sich ganz auf das Atmen: Er spürt, wie die kühle Luft langsam zwischen Zähnen und Lippen entweicht. Und wieder zieht er die Luft langsam und lang durch die Nase ein, die Augen hat er immer noch geschlossen, ausatmen, ein - aus - ein - aus.

Am besten machst du diese Übung kurz mit. Das ist ein ganz tolles Gefühl ...
Jetzt liest Pfiffix die Geschichte vor. Und auf geht's (Liest du mit? – Du weißt ja, langsam und laut):
"Wie Ihnen vielleicht bekannt sein dürfte . . .

"Jetzt merke ich erst, wie schwierig das beim Zuhören ist", schlackert Kniffix mit den Ohren. "Kein Wunder, daß man so etwas 'Hottentottenakrobatik' nennt. – Übrigens, warum heißt das eigentlich 'Hottentotten'?" Jetzt ist Pfiffix im Element: "Sekunde, Junge, das werden wir gleich haben, mein schlaues Buch weiß alles!" Damit meint er sein Lexikon, in dem er immer nachschlägt, wenn er Fragen hat.
"Hopfen, Horizont, Horn, Hornissen, da: 'Hottentotten' läßt er seinen Mäusefinger über die Lexikonseite sausen. ("Hottentotten sind Eingeborene des südlichen Afrika, meist Viehzüchter. Ihre eigenartige Sprache klingt in europäischen Ohren wie Stottern. Die Holländer erfanden den Namen Hottentotten. Er gilt heute als Schimpfwort; sie selbst nennen sich Nama – daher auch der Name Namibia.") Nun müssen beide lachen. Und sie fühlen sich etwas erleichtert, weil sie beide so richtig hottentottisch gelesen hatten – und so wie sie gestottert haben, hört es sich halt bei den Hottentotten an . . .

7 Buschmesser für den Lerndschungel

1 ● Geschwindigkeit ist nicht immer Trumpf – wer langsam geht, kommt auch ans Ziel. (Nicht mit Trödeln zu verwechseln!)

2 ● Je unübersichtlicher dir eine Aufgabe erscheint, desto langsamer und aufmerksamer mußt du dich Schritt für Schritt vortasten.

3 ● Achtung Falle: Schau genau! Lies dir den schwierigen Teil einer Aufgabe langsam und laut vor. (Vielleicht auf Kassette, damit du dich beim Abspielen ganz auf das Zuhören konzentrieren kannst.)

4 ● Versuche, dich genau an die Unterrichtsstunde des Vormittags zu erinnern: W i e hat der Lehrer eine ähnliche Aufgabe erklärt, w e r von deinen Mitschülern hat w a s dazu gefragt? Bis zu welcher Stelle war ich aufmerksam dabei?

5 ● Findest du die Lösung immer noch nicht, grüble nicht zu lange. Stelle die Aufgabe zurück, mache etwas anderes und nimm sie später nochmals vor.

6 ● Hilft auch diese Methode dir nicht weiter, kannst du deinem Lehrer mit ruhigem Gewissen erklären, warum du diese Aufgabe nicht hast und was du nicht verstanden hast.

7 ● Erst, wenn du dich sicher fühlst, kannst du auf Geschwindigkeit trainieren. (Kannst du schnell Fahrrad fahren? – Konntest du das gleich beim ersten Mal? . . .)

Streng vertraulich!

Kniffix und Pfiffix knobeln heute an einer Geheimschrift, die sie der hebräischen Schrift abgeguckt haben.

In dieser Schrift gibt es keine Vokale (Selbstlaute wie a, e, i, o, u, ä, ö, ü, usw.), sondern nur Konsonanten (Mitlaute wie b, c, d, f, g, usw.).

Da steht z.B. S.G.N. Das kann nun heißen: Segen, sagen oder sägen.

Wenn man ein solches Wort ohne Vokale liest, muß man schon ein pfiffiger Detektiv sein, um es richtig herauszubekommen. Da heißt es aufpassen, um aus dem Sinn des Satzes erkennen zu können, was hier gemeint ist.

Aber es kommt noch toller. Im Hebräischen werden die Buchstaben und Sätze von rechts nach links gelesen. So heißt X.FF.FP Pfiffix. Natürlich könnte es auch Pfeffex, Pfuffax, Pfaffix oder ähnlich heißen, aber das gäbe ja keinen rechten Sinn, nicht wahr?

Weißt du jetzt, was X.FF.NK heißt? – Na klar, dahinter steckt unser alter Freund Kniffix!

Nur für Meisterdetektive

Nun also etwas Schwieriges:
N.S.L TF.RHCSM..H.G ..D HC. NN.K .S
(Hast du noch dran gedacht, von rechts nach links zu lesen?)

So, nun kannst du auch die Geheimbotschaft von Kniffix und Pfiffix entziffern! Aber Achtung, da ist noch eine Hürde: du mußt nicht nur von rechts nach links lesen, sondern die Zeilen auch noch von unten nach oben. Das heißt, du mußt mit der untersten Zeile – also ganz unten rechts – beginnen, diese Zeile nach links lesen, dann folgt die vorletzte Zeile wieder von rechts nach links usw.

X.FF.NK N..D DN. X.FF.FP N..D
N.R..L.T.RG S. – !KC.LBHCR.D N.G.THC.R
N.D TS.H .D ,N.RR.WR.V LL.NHCS
.S RH.M STHC.N NN.K HC.D NN.D
.V.TK.T.DR.TS..M R.D DN.B N.D N.
N.MM.N.GF.. TZT.J TS.B R.B. .D
:N.RH.FR. THC.N TF.HCST.B .R.SN.
DR.W ,TNN.K THC.N TF.RHCS R.S..D
.Z NL.G.R ..D R.W

Lösung:

Wer die Regeln zu dieser Schrift nicht kennt, wird unsere Botschaft nicht erfahren. Du aber bist jetzt aufgenommen in den Bund der Meisterdetektive. Denn dich kann nichts mehr so schnell verwirren, du hast den richtigen Durchblick! – Es gratulieren Dein Pfiffix und Dein Kniffix

Die Punkte 55 – 60 sind noch zu verbinden.

12 Probier doch mal, was du nicht kennst!

Oder: Wie du eine Aufgabe richtig verstehen lernst

Welcher Kreis ist größer, der rechte oder der linke?

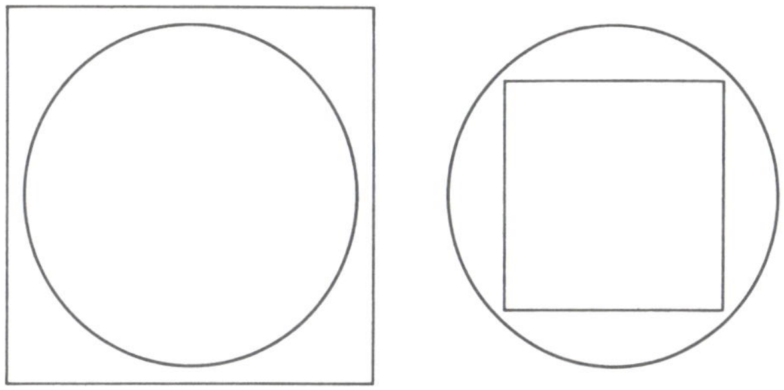

Wahrscheinlich hältst du den linken Kreis für größer. Beim Nachmessen kannst du aber feststellen, daß beide Kreise gleich groß sind. Weil die Quadrate verschieden groß sind, entsteht der falsche Eindruck.

Sind die Innenkreise wirklich kreisrund?

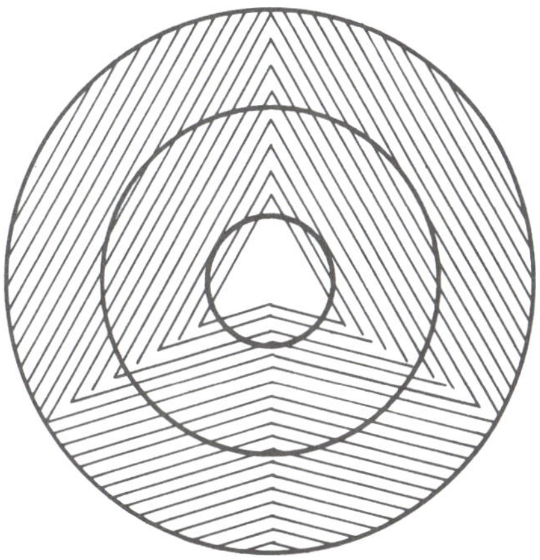

Auf den ersten Blick sehen die Kreise doch verzogen aus. Tatsächlich aber sind sie richtig rund. Durch das Linienmuster, das dem Kreis unterlegt ist, wird das Auge getäuscht.

Verlaufen die beiden Querlinien kerzengerade und genau parallel?

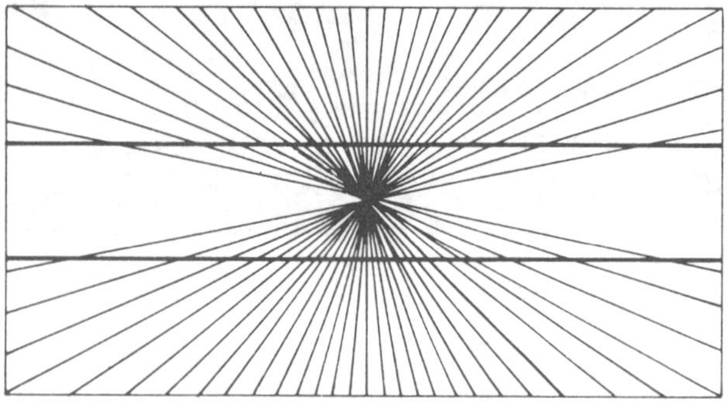

Und hier?

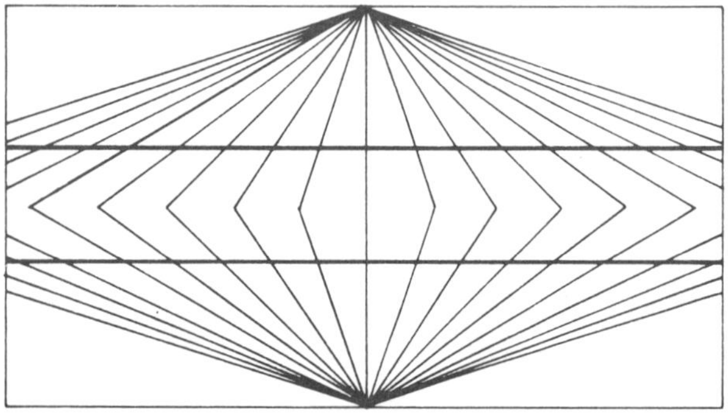

Nur, weil es den Anschein hat, als würden die Linien alle weit im Hintergrund in der Mitte zusammenlaufen, erscheinen die Linien gekrümmt. Inzwischen aber läßt du dich bestimmt nicht mehr so schnell aufs Glatteis führen. Du hast die Sache ja mit dem Lineal geprüft, nicht wahr?

Aber es geht noch eine Weile weiter:

Welches Tier erkennst du hier?

Hase oder Ente, das ist die Frage. Was immer du antwortest, du hast recht. Es sind nämlich beide Tiere in derselben Zeichnung enthalten. Der Schnabel der Ente und die Löffel (Ohren) des Hasen sind das gleiche Gebilde. Es kommt deshalb nur darauf an, was du als erstes erkennst.

In dieser Zeichnung entdeckst du sofort eine Frau, das ist klar. Ist dies nun deiner Meinung nach eine junge oder eher eine alte Frau?

(Alle hier gezeigten Abbildungen – und eine Menge ähnlicher 'Augenspiele' findest Du in dem Buch "Schau genau" von Simon Seymour, erschienen im Herder Verlag)

Stelle diese Frage auch deinen Eltern oder einem Freund. Falls ihr unterschiedlicher Meinung seid, könnt ihr lange diskutieren, einigen werdet ihr euch nie. Es sei denn, jeder erkennt die zwei Möglichkeiten: beide Seiten haben ja recht. Auch hier kommt es ganz darauf an, welches Gesicht der andere sieht und welches Gesicht ich selbst erkenne. (Das Auge der älteren ist das Ohr der jüngeren, die Nase der älteren ist das Gesichtsprofil der jüngeren, der Mund der älteren, das Halsband der jüngeren . . . Wenn du das Gesicht noch suchst, decke mit der Hand oder mit einem Blatt einige Teile des Gesichtes ab.) Ah – jetzt! Hast du es? Ah, ja! – Wenn du deine Entdeckung mit einem solchen "Ah" oder "Ah, ja" ausdrückst, hast du das berühmte Aha-Erlebnis. So nennt man das Gefühl, das man empfindet, wenn man plötzlich eine Lösung entdeckt . . .

Was du hier erfahren hast, bezieht sich auf Wahrnehmungen des Auges. Genauso kann es aber auch dem Ohr ergehen. Man hört etwas, glaubt, es verstanden zu haben und stellt hinterher fest, daß es ganz anders gemeint war. ("O je, stöhnte Kalle, da kommt der Pfeifer wieder mit seinem Notenbuch ..." Chris dachte schon mit Schrecken daran, er müsse wieder vorsingen - aus dem Lieder-/Notenbuch des Herrn Pfeifer. Trixie dagegen fürchtete sich schon vor dem Abgefragtwerden - da würde Pfeifer bestimmt nichts Gutes in sein Zensuren-/Notenbuch schreiben. Wem hat Kalle nun Angst eingejagt?)
Ja und so redet man oft aneinander vorbei. Das muß also nicht unbedingt nur an dem liegen, der "nicht zuhören kann", es kann auch am Sprecher, Erzähler, an den Eltern oder Lehrern liegen. Man spricht dann von Mißverständnissen. Auch beim Lesen kann es zu solchen Mißverständnissen kommen. Du kannst vielleicht gar nicht erkennen, was mit der Frage oder Aufgabe gemeint ist, worum es eigentlich geht. Wenn Schiffe in dichtem Nebel fahren müssen, benutzen sie Radar- und Nebelhörner, um keinen Gefahren aufzulaufen.

Damit du bei deinen Aufgaben besser den Weg zur Lösung finden kannst, dich nicht verwirren läßt und Mißverständissen vorbeugen kannst, benutze die Sirenen im Gedankennebel.

7 Sirenen im Gedankennebel

1 ● Manchmal sieht man den Wald vor lauter Bäumen nicht.

2 ● Viele Wege führen zum Ziel.

3 ● Wenn du eine Aufgabe nicht ganz verstanden hast, erkläre einem anderen, was du verstanden hast.

4 ● Wer anderen etwas erklärt, lernt selbst am meisten dabei.

5 ● Frage bei deinen Erklärungen zwischendurch, ob der andere dich verstanden hat. (Dabei kannst du manchmal feststellen, daß du anders verstanden wirst, als du es eigentlich gemeint hast – das kommt auch zwischen Eltern und Kindern vor . . .)

6 ● So kann es passieren, daß du eine Aufgabe (z.B. eine Mathe-Textaufgabe) anders verstehst, als sie gemeint war. (Das muß nicht immer nur an dir liegen – manche Aufgaben sind tatsächlich unklar gestellt.)

7 ● Du kannst eine Aufgabe nur lösen, wenn du weißt, was gefragt ist. Drum frage stets: Was ist gefragt?

????????? Zur Abwechslung eine Knobelei mit Fragezeichen:

Wer sagt was?

Der Mensch spricht nicht nur mit dem Mund, sondern mit dem ganzen Körper. An der Haltung, am Gesichtsausdruck kann man sehr oft erkennen, was jemand "sagt", ohne daß er spricht. Daher nennt man diese "Sprache" Körpersprache.

Ob das wirklich stimmt, kannst du gleich prüfen: Bei jedem Pärchen teilt eine Person durch seine Haltung etwas mit. Wenn du die Körpersprache verstehst, weißt du genau, welche Figur was sagt. So kannst du die einzelnen Mitteilungen zuordnen: Schreibe die Kennziffer des Satzes hinter den Kennbuchstaben der Zeichnung. Am besten schreibst du die Aussage auf kleine Zettelchen und legst jedes zu der passenden Zeichnung. So fällt es dir bestimmt leichter, die Übersicht zu behalten. Außerdem kannst du die Zuordnung so oft ändern, bis sie deiner Meinung nach stimmt.

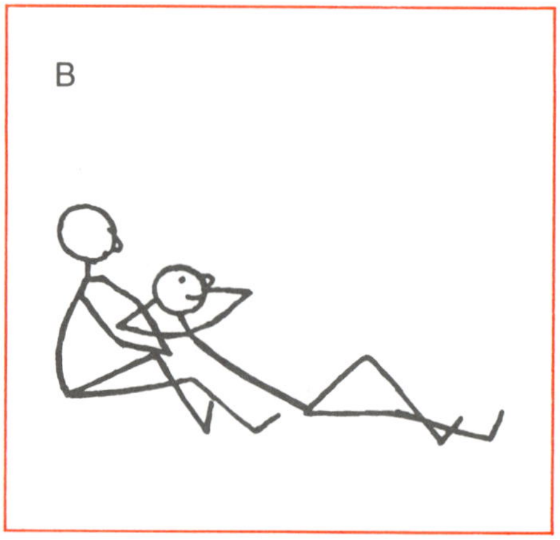

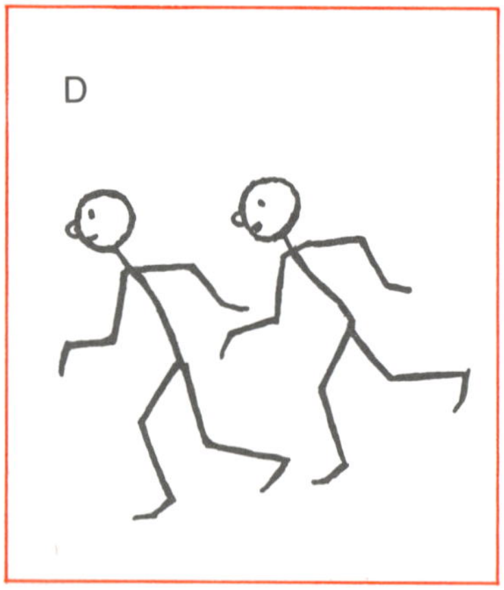

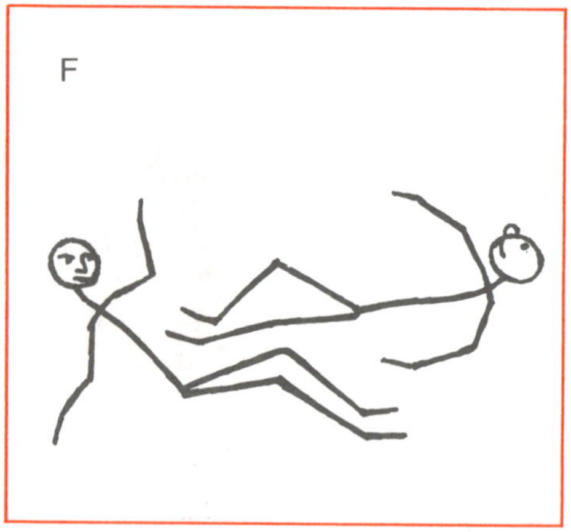

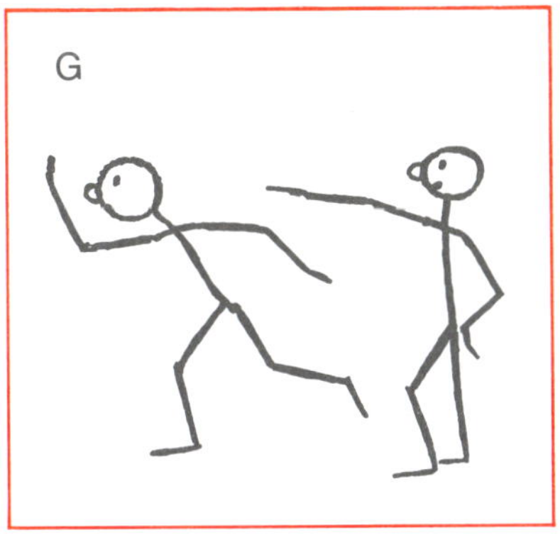

1. „He, komm mal her, ich habe was entdeckt."
2. „Ach, wenn ich dem so zugucke, werde ich auch müde."
3. „Heute ist sehr schönes Wetter, nicht wahr?"
4. „He warte, ich komme sonst nicht mehr nach!"
5. „Mit dir red ich nicht mehr."
6. „Mach mal ein bißchen, sonst überholst du den nie."
7. „Guck mal, was der für komische Sprünge macht."
8. „Hilf mir mal, ich komme da nicht dran."
9. „Hallo, wie gehts?"

Lösung: [redacted]

Die Punkte nicht vergessen: 60 – 63.

Getextet von Claudia (10 Jahre)
Geschrieben von Daniela (9 Jahre)
Gezeichnet von Alexandra (6 Jahre)

Wer sich nichts zutraut, schafft auch nichts.

13 Mathematik = Ein großes ?

Oder: Wie du Mathe besser verdauen kannst

Mathematik ist die reinste Hexerei. Selbst mit einfachen Aufgaben kann man immer wieder tolle Überraschungen erleben.

Zum Beispiel mit dieser:

1	2	3	4	5	6	7	8	9	10
									11
									12
									13
X									

Zeichne diese Figur auf ein Blatt, achte darauf, daß es genau 10 x 10 Quadrate sind. Trage die Ziffern von 1 - 13 nach dieser Vorlage ein. Kannst du jetzt auf Anhieb sagen, - nachzählen gilt nicht! - welche Zahl auf das Feld mit dem Kreuzchen fällt? - Hast du 28 gesagt? - Nicht? - Dann zähle nach! - Toll, was?
Wenn du so weiterzählen würdest, in welchem Feld landet die 40, wo die 50?

Das ist ein irres Spiel, mit dem du sogar Mathe-Asse drankriegen kannst. Es gibt auch eine Menge Knobelaufgaben, die du oft erst im zweiten Anlauf richtig lösen kannst. Beispiel: Du hast 19 Cassetten in einer Tüte auf dem Fahrradgepäckträger. Alle - außer 11 - fallen heraus. Wie viele sind noch in der Tüte? - 19 - 11 = 8?

Ja, aber die Lösung muß 11 heißen. Einfach drauflos rechnen ist nicht immer der beste Weg zur richtigen Lösung. Mathematik ist schon ein bißchen mehr als reine Zahlenrechnerei. Aber deswegen ist sie keine Hexerei, sie sieht nur manchmal so aus, wenn man nicht richtig hinschaut, nicht richtig zuhört oder Mathe von vorneherein blöd findet.

Dabei begegnest du ihr auf Schritt und Tritt. Überlege, wie oft und bei welchen Gelegenheiten du jeden Tag mit Mathe zu tun hast. Schreibe dir die Stichpunkte mal auf. Denke an Uhrzeiten (wann? von - bis, wieviel zu spät? wie lange?), Preise (wieviel für mein Geld? billiger? teurer?), Gewichte, Geschwindigkeiten, Taschengeld, Teilen (Schokolade mit Geschwistern). Alles, was mit Addieren, Subtrahieren, Multiplizieren und Dividieren zu tun hat, zählt - nur nicht deine Hausaufgaben. Glaubst du, daß du wenigstens 20 Dinge zusammenbekommst?

Na, dann: Auf die Plätze, fertig, los!

1. ____________	11. ____________
2. ____________	12. ____________
3. ____________	13. ____________
4. ____________	14. ____________
5. ____________	15. ____________
6. ____________	16. ____________
7. ____________	17. ____________
8. ____________	18. ____________
9. ____________	19. ____________
10. ____________	20. ____________

All das ist Mathematik zum Anfassen. Nur hast du in dieser alltäglichen Mathematik schon solche Übung und Routine, daß du es gar nicht mehr als Mathematik empfindest. Aber gerade diese Übung kannst du dir für deine schulischen Matheaufgaben zunutze machen.

Und dann gilt es, ein wenig aufzupassen: Das gleiche ist noch lange nicht dasselbe. Z.B. Minus - und Plus + können verschiedene Bedeutungen haben. Eine 3 + oder eine 4 - in einer Klassenarbeit haben nicht viel mit Addieren und Subtrahieren zu tun.

Am besten stellst du dir die Zahlen auf einer Geraden vor:

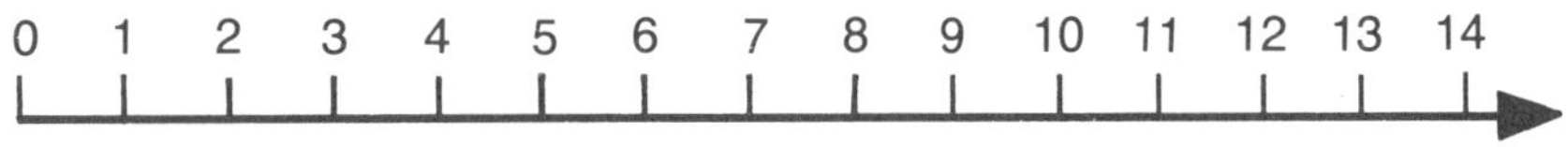

Jedem Punkt auf der Zahlengeraden ist eine Zahl zugeordnet, zu jeder Zahl gehört ein Punkt. Addieren heißt auf dem Zahlenstrahl nach rechts gehen.

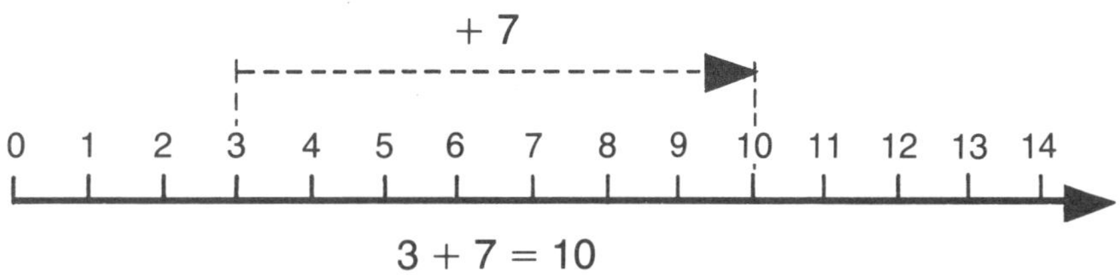

Subtrahieren heißt: Auf dem Zahlenstrahl nach links gehen.

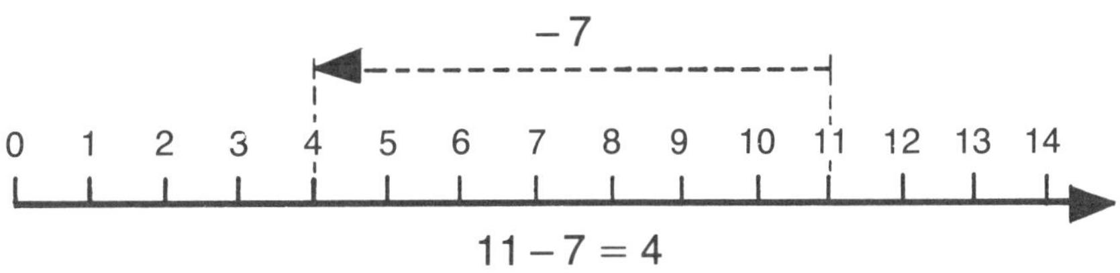

Und die Multiplikation ist eine abgekürzte Addition, wenn ich mehrmals die gleiche Anzahl addiere, kann ich das schneller und einfacher mit Multiplizieren erreichen:

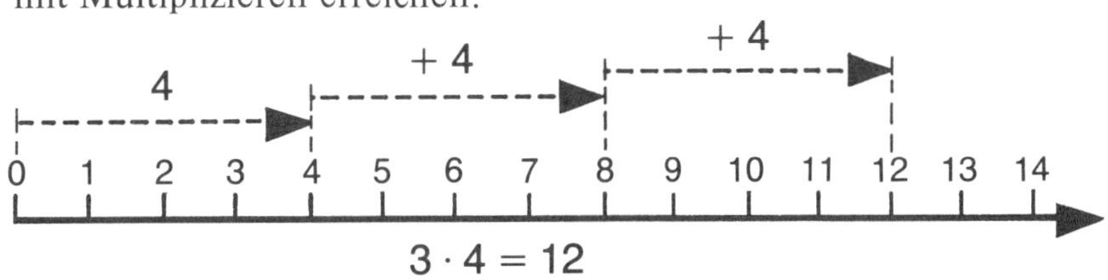

Und hierbei hilft das Einmaleins. Es lohnt sich, das Einmaleins aus dem FF zu kennen. Dann bleibt dir nämlich mehr Zeit für die eigentliche Aufgabe, z.B. eine Textaufgabe.

Wie kommt es eigentlich, daß so viele Schüler Textaufgaben oft als schwierig empfinden?
Nun, diese Aufgaben sind aus den verschiedensten Gebieten. Deshalb glaubst du auch, daß du verschiedene Lösungswege finden mußt. Das ist aber nicht der Fall.

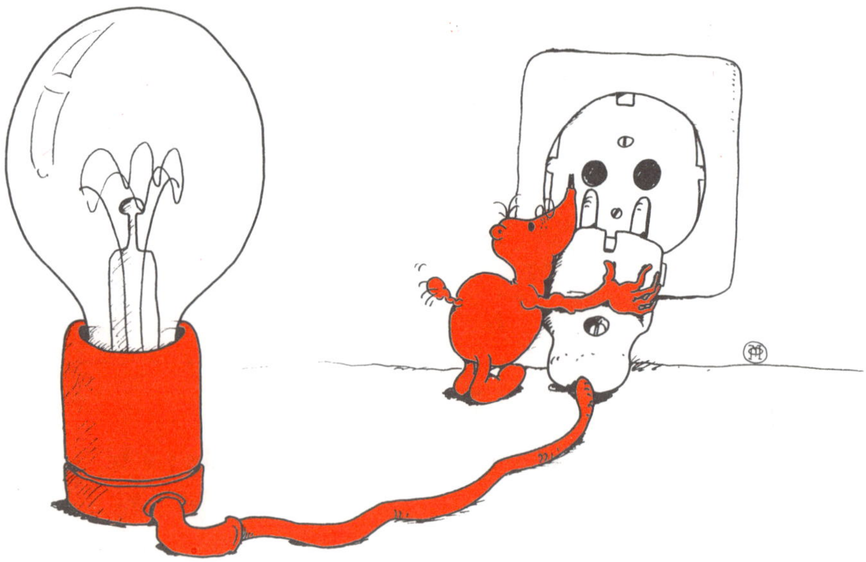

Am besten gehst du bei Textaufgaben so vor:

1. Was ist gegeben, was ist mir gesagt? - Das schreibe ich auf.
2. Was will man wissen, was soll ich denn ausrechnen?
3. Die Antwort schreibst du als Lösungssatz sofort auf. Natürlich weißt du noch nicht die genaue Zahl. Z.B. wieviel Meter eine Mauer lang ist. Dann schreibst du einfach: Die Mauer ist -?- Meter lang. Dadurch hast du die Aufgabe schon zur Hälfte gelöst. Ehrlich! Denn jetzt kannst du vieles mechanisch erledigen.
4. Lies den ganzen Text nochmals langsam durch und vergleiche ihn mit dem, was du aufgeschrieben hast.
5. Kannst du dir die Sache noch nicht richtig vorstellen, dann fertige eine kleine Zeichnung an. Das geht in den meisten Fällen.

6. Wichtig ist noch, daß du ordentlich schreibst. Die Kästchen in deinem Heft sind eine Hilfe, die Zahlen richtig untereinander zu schreiben. So kannst Du dich nicht so leicht verrechnen.
7. Forme aus den gegebenen Sätzen oder Satzteilen der Textaufgabe und/oder deiner Skizze deine Rechenaufgabe.

Der nächste Schritt ist nur noch reine Rechnerei.

Zum Einüben dieser Punkte hier eine Trainingsaufgabe:

Herr Pflüger kauft 6 Schweine und bezahlt dafür zusammen 594,- DM. Er verkauft sie gemästet zusammen für 3 210,- DM. Wieviel DM pro Schwein hat ihm das Mästen eingebracht?

1. Was ist gegeben?
   6 Schweine = 594,- DM beim Einkauf
   6 Schweine = 3 210,- DM beim Verkauf
2. Was soll ich ausrechnen?
   Unterschiedspreis pro Schwein zwischen Einkauf und Verkauf.
3. Lösungssatz aufschreiben:
   Das Mästen hat Herrn Pflüger - ? - DM pro Schwein eingebracht.
4. Aufgabe nochmals lesen und Notizen 1. - 3. vergleichen.

5.

6.

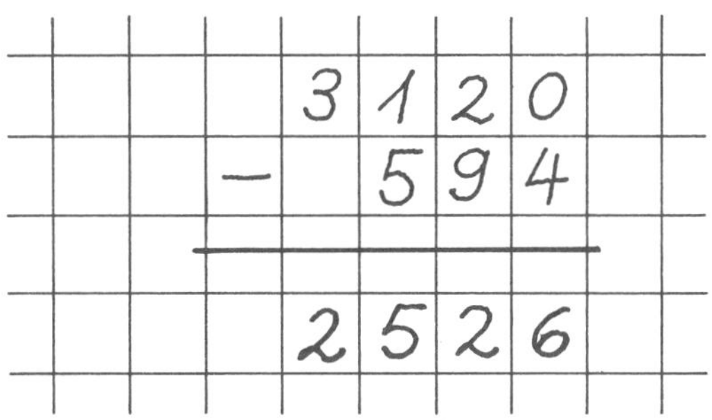

7. Der Unterschied zwischen Einkauf und Verkauf bei allen Schweinen zusammen macht 2 526,– DM aus. Da ich wissen will, wieviel Herr Pflüger pro Schwein eingenommen hat, muß ich rechnen:

```
 2526 : 6 = 421
-24
 --
  12
 -12
  --
    6
   -6
   --
    0
```

So, nun schreibe ich den Lösungssatz (Siehe Punkt 3.) vollständig hin:

Das Mästen hat Herrn Pflüger 421,– DM pro Schwein eingebracht.

Fertig!

7 · 1 = 7 geknackte Zahlenschlösser

1● Mathe ist lernbar: Wer weiß, daß ein Elefant größer ist als eine Maus, kann subtrahieren. Du kannst addieren, subtrahieren, multiplizieren, dividieren. Die wichtigsten Trümpfe hast du schon in der Hand.

2● Auch für Mathematik brauchst du gutes Werkzeug: Gespitzter Bleistift, Lineal, Zirkel usw.

3● Schreibe ordentlich = Zeichen untereinander. Zahlen in die Kästchen, pro Zahl oder Zeichen ein Kästchen.

4● Versuche Aufgaben, die du in der Schule gelöst hast, zu Hause mit anderen Zahlen zu rechnen.

5● Textaufgaben: Was ist gegeben? Was ist gefragt? Zeichne Skizzen und Bilder und forme daraus deine Rechnungen.

6● Überlege, ob das Ergebnis ungefähr stimmen kann. Mache die Probe mit deiner Lösungszahl. (Wenn drei Tafeln Schokolade 750,– DM kosten sollen, dann prüfe, ob du dich nicht verrechnet hast . . .)

7● Klarheit: Kühlen Kopf behalten. Auch wenn du nicht gleich die Lösung findest, überlege, was du eigentlich ausrechnen sollst.
Routine: Rechnen lernt man durch Rechnen.
Sicherheit: Hast du Routine, dann kommt sie von alleine. Der Erfolg ist dir gesichert.

Nicht anschmieren lassen – durchstreichen!

In jedem Feld mußt du nun zwei Ziffern durchstreichen, damit die Malaufgaben richtig aufgehen. Zum Beispiel:

~~4~~	~~8~~	6	·	~~8~~	6	~~5~~	=	~~1~~	3	~~7~~	6
5	8	3	·	6	5	8	=	8	2	5	6
7	5	8	·	8	4	9	=	8	3	6	2
5	7	8	·	8	6	5	=	5	2	0	6
4	3	6	·	6	5	7	=	7	4	8	2
9	6	4	·	3	9	5	=	8	1	6	4
2	4	8	·	6	7	9	=	6	3	4	8
8	3	9	·	8	5	9	=	3	2	6	7

Lösung:

[illegible]

63 – 67 miteinander verbinden, bitte!

14 Die Sache mit der Torte

Oder: Wie du größere Zusammenhänge erkennst

Die verlegten Torten

"Immer diese verflixten Montage; ausgerechnet heute muß mir das passieren", brummt Vater Müller und saust dabei aufgeregt wie ein Huhn in der Wohnung umher. In der Hand hat er einen blauen, am rechten Fuß einen roten Socken, aber das merkt er gar nicht. Müllers haben verschlafen, die ganze Familie!
Vater Müller ist so nervös, weil sein Chef heute später ins Büro kommt und Freitag zu ihm gesagt hat: "Ich weiß ja, daß ich mich auf Sie verlassen kann, Herr Müller". "Jawohl", hat Herr Müller geantwortet, "ich werde wie immer pünktlich da sein". Und jetzt hat er verschlafen!

Er klemmt sich seine Aktentasche unter den Arm, langt in seine linke Hosentasche, aber da ist sie nicht, die Autotorte. "Hast du meine Autotorte gesehen, Mathilde (das ist seine Frau)?" "Die ist bestimmt noch in deiner blauen Anzugshose", ruft sie zurück und weil Vater Müller nie etwas findet, wenn er so aufgeregt ist, läuft sie lieber selber und bringt ihm die Autotorte. "Danke", seufzt Herr Müller und will zur Tür hinaus. Aber die ist zugetortet. "Das kann doch nicht wahr sein. Wo ist denn jetzt schon wieder die Haustorte? Das ist ja nicht auszuhalten. Sebastian, wo hast du die Haustorte hingeschludert?" "Typisch für diese Familie. Immer, wenn etwas schiefgeht oder fehlt, dann kommen sie zu mir, weil ich der einzige ordentliche Mensch hier bin", mault der Älteste. Sebastian hat seinen Tortenbund immer an seinen Jeans hängen. "Hier Chef, nimm solange meine". "Erstens habe ich dir schon hundertmal gesagt, daß ich dein Vater und nicht dein Chef bin, und zweitens brauche ich ja wohl noch meine Bürotorten." "Vielleicht hat Susanne die Torten, die spielt doch immer so gerne damit", meint Christoph. "Meine Susanne macht so etwas nicht", entgegnet Vater Müller im Brustton der Überzeugung, nein, seine Susanne – unvorstellbar. – Ja, aber vielleicht sollte er sicherheitshalber doch einmal nachsehen... Susanne sitzt in ihrem Zimmer am Boden, schaut ihren Papa mit großen Augen an, "viele Torten, Papi!". Der stöhnt nur kurz auf, legt sich auf den Bauch und zieht unter dem Bett ein paar Torten hervor. "Meine

Susanne macht so etwas nicht", hört man Sebastian von der Türe her sagen, und dabei grinst er über das ganze Gesicht. "Der Papi braucht die Torten, gib sie mir doch bitte", meint Vater Müller ganz lieb. Aber Susanne denkt nicht im geringsten daran, ihr neugewonnenes Spielzeug sofort wieder herzugeben. "Ich bin ein Tortenkind". Dabei strahlt sie über das ganze Gesicht. Jetzt reicht's Vater Müller. Was zu weit geht, geht zu weit. Er grabscht nach der letzten Torte, flötet "Tschüss, mein Schatz" und verschwindet. Das liebe Susannele ist so verdutzt, daß es erst zu schreien anfängt, als ihr lieber Papi schon an der Garage ist und die Garagentorte sucht. Sebastian hat inzwischen die Briefkastentorte gefunden und die Zeitung heraufgeholt.

Sebastian und Christoph nehmen ihre Fahrradtorten, gehen in die Garage, nehmen ihre Fahrräder, torten die Türe zu und radeln in die Schule. Christoph etwas schneller als sein Bruder, weil er noch eine Hausaufgabe, die er nicht 'verstanden' hat, abschreiben muß.

Puh! Endlich ist die Familie aus dem Haus. Frau Müller hat den Gläserschrank im Wohnzimmer aufgetortet und räumt die Gläser ein.

Beim Mittagessen meint sie dann: "So geht das nicht weiter. Diesen Tortenzirkus habe ich gründlich satt". Sebastian verspricht, ein Tortenbrett zu basteln. Da kann man dann alle Torten aufhängen und sucht sie nicht mehr. "Torten sind ja kein Spielzeug", stellt Frau Müller fest, womit sie zweifelsohne recht hat. "Stellt euch mal vor, wenn wir die Haustorte verlieren würden, dann müßten wir die ganze Tortenanlage im Haus erneuern". Weil Vater Müller nächste Woche Geburtstag hat, beschließt Claudia, ihm ein rotes Tortenetui zu nähen. Und schon vertiefen sie sich in Fachgespräche - die Frauen über Tortenetuis, die Männer über Tortenbretter.

Abends kommt Herr Müller müde nach Hause. "Was für ein Tag! Erst komme ich zu spät ins Büro und alle haben schon gewartet, daß ich auftorte, dann torte ich den Postschrank auf und der Tortenbart bricht ab.

Das ist aber noch nicht alles. Der Chef hat am Wochenende seine Tresortorten verloren. Das war gar nicht so einfach mit diesen Sicherheitstorten. Zwei Spezialisten mußten aus Frankfurt kommen, die haben dann bis heute Nachmittag den Tresor aufgetortet. "Heute früh habe ich in der Zeitung gelesen", erzählt Sebastian, "daß gestern der Gottesdienst in unserem Stadtviertel ausgefallen ist, weil die Torten gefehlt haben; alle Leute mußten nach Hause gehen". "Apropos Zeitung, gib sie mir doch mal rüber, Sebastian". Christoph hat sich gerade noch

rechtzeitig abgesetzt. Er hat heute Nachmittag sein Mofa repariert, und die Tortenschlüssel waren so ölig, da hat er die erstbeste Zeitung, daß das ausgerechnet die heutige war, konnte er ja nicht ahnen, genommen.

"Was für ein Tortentag . . .", Vater Müller seufzt tief und geht in die Küche.

Schon eine merkwürdige Geschichte, nicht wahr? Da stimmt doch etwas nicht. Ach, du weißt schon welche beiden Wörter da die "Torte" ersetzen müssen. Dann hast du die "Torte zum Geheimnis" schon gefunden. Entschuldige, jetzt habe ich mich schon wieder verschrieben, natürlich muß es heißen:

____________________ ____________________

(das erste Wort *(das zweite Wort)*

Gut hast du das gemacht!

7 Tortenstücke zum Vernaschen

1 ● Lies einen Text immer ganz genau durch, auch wenn du auf Anhieb nicht alles verstehst.

2 ● Laß dich nicht von unverständlichen Wörtern oder Sätzen verwirren. Mach dir am Rand ein Zeichen mit dem Bleistift.

3 ● Meist erkennst du die wichtigen Zusammenhänge, wenn du den Text zu Ende gelesen hast.

4 ● Nimm dir die angestrichenen Textstellen der Reihe nach vor.

5 ● Kläre alles, was du noch nicht verstanden hast, durch Fragen oder Nachschlagen.

6 ● Lies den Text noch einmal und u n t e r s t r e i c h e die wichtigsten Wörter. (Wenn das Buch dir gehört, kannst du einen Textmarker/Leuchtschreiber benutzen.)

7 ● Schau dir zum Schluß nur das Unterstrichene an und versuche durch diese Wörter die ganze Geschichte zu verstehen. (Gelingt dir das nicht, beginne nochmals mit dem vierten Tortenstück.)

??? Was bringt das Glücksrad ???

Die Lösungen zu den folgenden Aufgaben findest du im Glücksrad. Am Rand des Glücksrades siehst du neben jedem Lösungswort einzelne Silben. Wenn du diese in der Reihenfolge der Aufgaben aneinanderhängst, erhältst du einen Lösungsspruch, den Kniffix und Pfiffix sich für dich ausgedacht haben.

1. Kletterplanze, deren Same in Hülsenfrüchten wächst.
2. Nachtraubvogel mit großen Augen und scharfen Krallen.
3. Stundenlang kann dieses Tier an einem Ast hängen, ohne sich zu rühren. (so nennt man auch einen trägen Schüler)
4. Süß schmeckende Frucht
5. Neugeborenes Schwein
6. Er gehört zu einer der größten Singvogelfamilien
7. Kleines Säugetier, das mit großen Flughäuten zwischen Armen, Fingern und Körper ausgestattet ist
8. Ein Raubfisch, der mit dem Lachs verwandt ist
9. Ein Meeresraubfisch mit scharfen Zähnen
10. Kleines Nagetier, das seine Speisevorräte in Backentaschen heimträgt
11. Nagetier – als flinker Läufer bekannt
12. Gefleckte Raubkatze
13. Wüsten- und Steppentier, das zu den wiederkäuenden Paarhufern gehört
14. Ein Nagetier, das zur Familie der Hasen gehört, aber kürzere Ohren als der Hase hat.
15. Hirschgroßes Kamel ohne Höcker.
16. Ein Nadelbaum, der seine büscheligen Nadeln im Herbst abwirft.

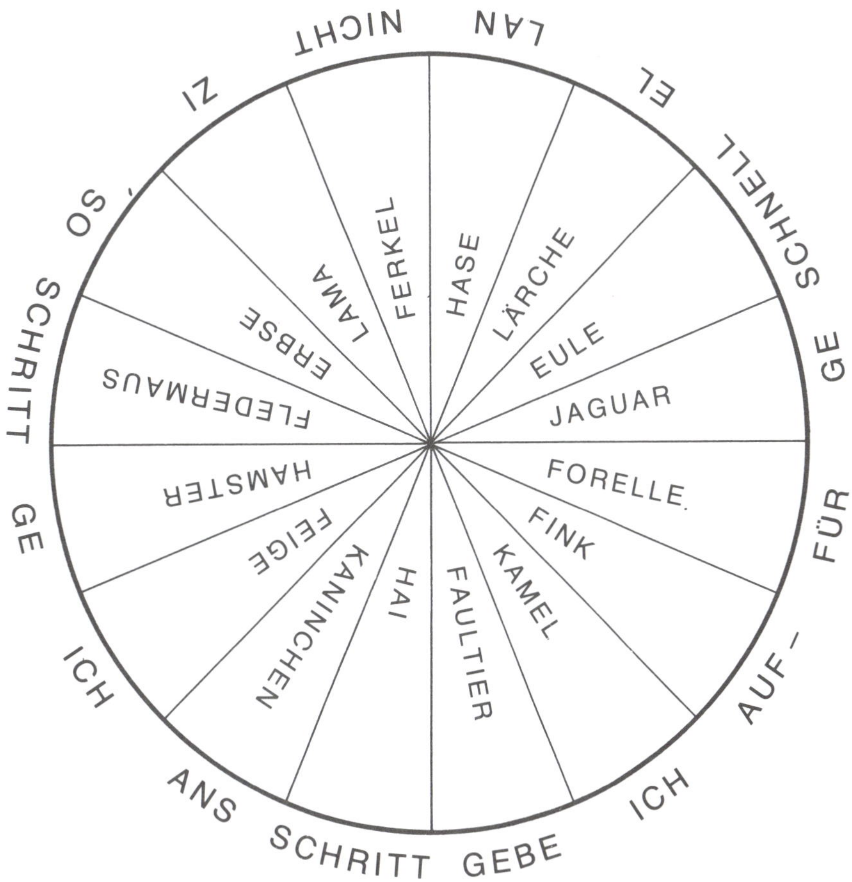

Lösung:

[illegible]

Die Verbindung heute: 67 – 75

Hab' ich Mut, wird alles gut.

15 Räuber Winfried wird entlarvt

Oder: Wie du Fehler aufspürst und erkennst

Heute abend erzählt Pfiffix seinem Freund Kniffix eine tolle Geschichte. Aber paß gut auf, denn an manchen Stellen hat er ein wenig geflunkert:

"Eines Tages sollte ich herausfinden, wo der alte Räuber Winfried seine Beute versteckt haben könnte. Von Freunden hatte ich gehört, daß Winfried in einem großen finsteren Wald in einer ganz alten, modernen Burg wohne. Auch hatte man mir berichtet, dort gäbe es nicht einmal elektrisches Licht.

Nun ja, und da ich keine Angst habe, machte ich mich also auf den Weg. Im Wald war es tatsächlich sehr finster. Am Wegesrand standen dicke alte Bäume und dazwischen wuchsen Büsche im Sonnenlicht. Hinter einer Wegbiegung sah ich dann plötzlich das alte Gemäuer, das total mit Efeu überwuchert war. Die Fensterhöhlen sahen dunkel und unheimlich aus.

Im Schutz der Bäume und Büsche schlich ich mich vorsichtig an die Burg heran. Ein Käuzchen krächzte und im Unterholz knackte es. Endlich hatte ich den Torbogen erreicht. Vorsichtig drückte ich die Klinke herunter und schob die schwere Eisentür langsam zurück. Die Tür bewegte sich ganz leise, quietschte fürchterlich und vor mir lag ein langer, angenehm beleuchteter Gang, in dem man fast nichts sehen konnte."

Wenn du bis hierhin aufmerksam gelesen hast, so ist dir sicherlich aufgefallen, daß einige Wörter nicht zum Text passen. Sie ergeben keinen Sinn oder verfälschen die Geschichte. Nimm einfach einen Bleistift und streich die Wörter durch, die deiner Meinung nach nicht zum Text gehören.
Insgesamt haben sich an 4 Textstellen falsche Wörter eingeschlichen; solltest du weniger gefunden haben, so überprüfe den Text noch einmal, wenn es mehr Wörter sein sollten, hast du zu viele durchgestrichen.
Aber nun lies schnell weiter, denn jetzt wird's spannend!

"An beiden Seiten des Ganges waren viele Türen. Ich versuchte, sie zu öffnen, aber leider waren sie alle verriegelt. Schon wollte ich aufgeben, da sprang auf einmal doch eine unvermutet auf, und ich stand vor einer feuchten, glitschigen Wendeltreppe, die ich mißtrauisch betrat, um hinabzusteigen. Plötzlich glitt ich auf den trockenen Stufen aus und polterte leise den Rest der Treppe hinunter. Unten landete ich weich auf dem harten Steinboden, knallte mit dem Kopf auf eine Treppenstufe und verlor das Bewußtsein. Wie lange ich bewußtlos war, weiß ich nicht mehr. Jedenfalls wachte ich mit einem ziemlichen Brummschädel auf, die Beulen kann man jetzt noch deutlich fühlen.

Langsam öffnete ich die Augen: Ich lag in einem finsteren Keller und in einer Ecke dieses Raumes erblickte ich ein schwaches Licht. Vorsichtig stand ich auf, schüttelte mich ein wenig und machte mich dann mit meiner neuen Umgebung vertraut. Wieder fand ich viele Türen, die ebenfalls verschlossen waren. Nur hinter einer hörte ich ohrenbetäubendes Gemurmel."

Auch in diesem Abschnitt haben sich Wörter versteckt, die hier nichts zu suchen haben. Aber inzwischen bist du schon so pfiffig geworden, daß du sie gleich durchgestrichen hast, oder? Zähl' einmal nach, ob du in diesem Abschnitt auch 4 Textstellen als falsch herausgestrichen hast. Wenn nicht, so überprüfe den Text noch einmal, wie du es vorhin bereits gemacht hast.

"Ganz behutsam faßte ich an den Riegel und drückte die Tür auf: Und da sah ich ihn, den alten Räuber Winfried, jung in der Ecke auf einer Holzkiste sitzen. In diesem Raum war es kalt, und er schwitzte vor Kälte. Verwirrt schaute er mich an und mit leiser, zitternder Stimme sagte er laut und mutig: "Ich habe Angst und bin froh, daß endlich jemand gekommen ist. Du mußt mir helfen", bettelte er. "Ich will nicht mehr der Räuber Winfried sein."
Er zeigte auf große zugenagelte Kisten, die Deckel standen alle weit offen, und ich sah es nur so funkeln und blitzen. Der alte Räuber meinte: "Schau, dort sind alle Sachen, die ich in meinem Leben gestohlen habe. Ich möchte, daß die Leute, denen die Dinge gehören, sie wieder zurück bekommen. Gehst du mit mir zur Polizei? Ich stelle mich freiwillig. Vielleicht komme ich dann zur Ruhe und kann nachts wieder schlecht schlafen."
Ich ging mit ihm zur Polizei – und am nächsten Tag stand alles ganz groß in der Zeitung. Tja, so war das."

Allerdings, die Fehler, die Kniffix in den Text hineingemogelt hat, die standen natürlich nicht in der Zeitung. Und deswegen mußt du dich jetzt nochmals als Detektiv betätigen und auch aus dem letzten Abschnitt die falschen Textstellen heraussuchen. Dieses Mal waren es 5, stimmt's?

7 Handschellen zur Fehlerverhaftung

1 ● Wenn du einen Fehler erkannt hast, kann er kaum noch Schaden anrichten.

2 ● Schau in deinen Haus- und Klassenarbeitsheften nach, welche Fehler am häufigsten vorkommen.

3 ● Erkenne den Fehler und frage: Was ist hier falsch – wie ist es richtig?

4 ● Schreibe das Richtige mit dicken Filzstiften auf kleine Zettel und hefte sie an deine Pinwand.

5 ● Mache diese Übung ein- bis zweimal in der Woche. Ersetze die alten Zettel durch neue.

6 ● Taucht der gleiche Zettel öfter an der Pinwand auf, verhafte diesen Fehler! Schreibe das Richtige auf ein großes Blatt und hänge es als Lernplakat auf. (Am besten an eine Stelle, wo du es oft siehst.)

7 ● So erreichst du das gesteckte Ziel: F e h l e r a u f s p ü r e n – e r k e n n e n – h a n d e l n !

Auf in den Ring:
Fehler ergebt euch,
ihr seid umzingelt!

3 · 7 = Volltreffer

Pfiffix hat heute für dich drei Stäbe in den Sand gesteckt. Du sollst nun die Ringe, die alle mit einem Tätigkeitswort beschriftet sind, über den richtigen Stab werfen. Leider hat Kniffix nicht aufgepaßt, und so sind die Ringe etwas durcheinandergeraten. Aber dafür hat Pfiffix dir die Ringe bereits vorgezeichnet, so daß du nur die Tunwörter am richtigen Stab einzutragen hast.
Na, dann ziel mal schön . . .

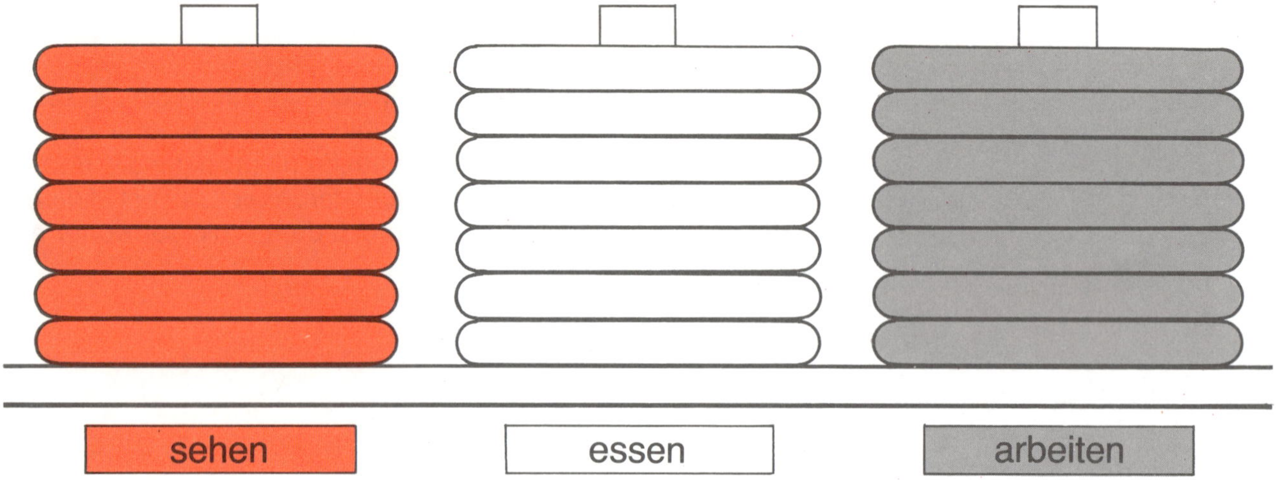

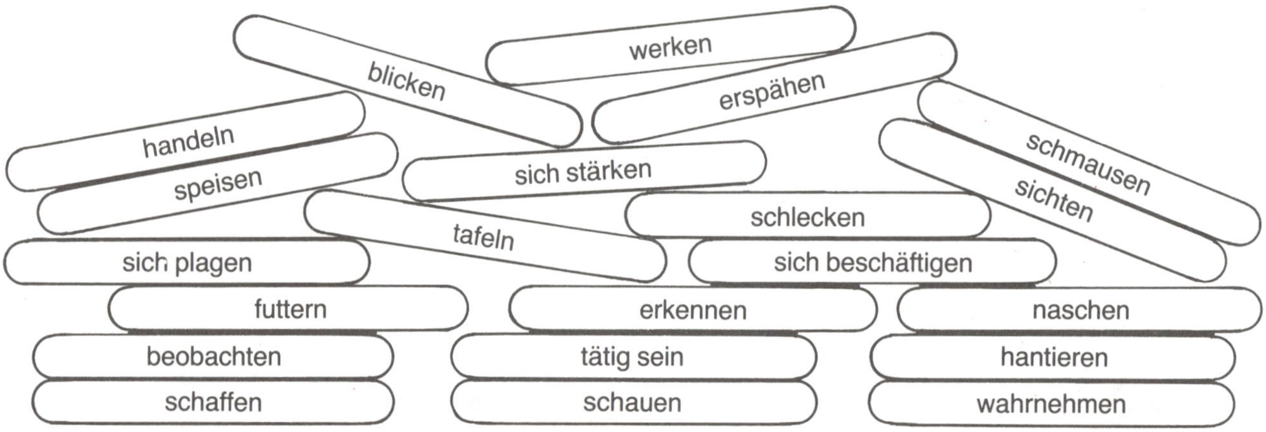

Lösung:

SEHEN: beobachten – blicken – erkennen – schauen – erspähen – sichten – wahrnehmen
ESSEN: speisen – futtern – sich stärken – tafeln – schmausen – schlecken – naschen
ARBEITEN: sich plagen – schaffen – handeln – tätig sein – werken – sich beschäftigen – hantieren

Und wieder sind Punkte zu "ernten": 75 – 82

16 Das große Bellen

Oder: Wie du dir rasch einen Überblick verschaffst

Pfiffix geht zum Briefkasten, um die Morgenzeitung zu holen. Kniffix räumt inzwischen den Frühstückstisch ab. Dafür bekommt er auch als erster den Sportteil der Zeitung. Er ist schon ganz neugierig darauf. Nachdem Kniffix schon eine Weile begeistert gelesen hat, poltert er auf einmal los: "So ein Schwachsinn, diese Hornochsen, was haben die wieder einen Koks verbraten. Also, das kann sich auch nur die Zeitung erlauben!" – "Was denn, was denn", brummelt Pfiffix mit wenig Anteilnahme. Er ist nämlich ganz in die Witzeseite vertieft . . . "Ei, schau dir das mal an, da stehen Sportmeldungen kreuz und quer durcheinander, alles durcheinander, durcheinander!" schimpft Kniffix unaufhörlich. "Hier, lies doch mal selbst", hält er Pfiffix die Zeitung unter die Nase und zeigt dabei auf den Artikel:

Das große Bellen

Spannendes Schlittenhunderennen in Dorflehen

Bilderbuchwetter herrschte beim großen Preis des Schlittenhunderennens. Die Freunde des Skilanglaufs kamen voll auf ihre Kosten. Bei der Begrüßung gab der Präsident des SV Schlittenhunde e.V., Altmeister Henri Bell, einige Erläuterungen zu dieser relativ alten Sportart. Er erklärte vor über 700 Besuchern, daß es diese Art von Rennen in Skandinavien bereits seit Jahrzehnten gebe. Dabei werde ein Schlitten von 10 bis 20 Kilogramm Gewicht von mehreren Hunden gezogen. Es würde in verschiedenen Klassen gestartet.

Diese Einteilung richte sich nach der Größe der Gespanne. Beim diesjährigen großen Preis der Langlauf-Meisterschaft gingen wieder einige hundert Teilnehmer auf die Loipen. Besonders der Titelverteidiger Hannes Tholl und die Ski-Asse aus dem Schwarzwald, Theo Großmuth und Rudi Waag, standen im Mittelpunkt des Interesses.

Hast du bis hierher schon herausgefunden, welche Sätze sich mit dem Schlittenhundesport beschäftigen? Trage die Anzahl dieser Sätze hier ein: ____________

Am besten streichst du die Sätze, die nicht zum Thema (Vergleiche die Titelzeile!) gehören, durch. Oder du unterstreichst die Sätze, die zum Titel gehören

Die Schlittenhunde oder auch Polarhunde seien Hunderassen, die unserem Spitz sehr ähnlich sind. Sie seien für das Ziehen von Schlitten abgerichtet worden. Beim Rennen stehe der Schlittenführer auf den verlängerten Kufen am Ende des Schlittens. Während sie von Reportern umringt, Interviews gaben, wachsten sie ihre Skier mit einer solchen Hingabe, als gelte es, die Bretter durchzuscheuern . . .
Bürgermeister Quatschinger begrüßte die zahlreichen Rennläufer mit einem kräftigen "Ski Heil!" und gab die Loipe frei. Tholl, Großmuth und Waag zeigten sich von Anfang an in Bestform. Das Steuern des Schlittens erfolge durch eine Bremse, die in den Schnee gedrückt wird. Der Schlittenhundeführer habe ungefähr die Aufgabe eines Kutschers. Einerseits lenke er das Gespann, treibe die Tiere an, andererseits sei er der Freund seiner Hunde. Dies konnte man vor dem Start tatsächlich gut beobachten. Viele Schlittenführer flüsterten ihren Hunden etwas ins Ohr, andere kraulten ihre Tiere. Doch schon bei der schwierigen Abfahrt am Steinskopf mußte Tholl ausscheiden. Er war gestürzt und hatte sich eine Zerrung zugezogen. Inzwischen war das große Feld der Langläufer auseinandergerissen, Waag und Großmuth lagen schon weit an der Spitze. Die Hunde wurden bis zum Start angepflockt.

Das erste Gespann wenige Sekunden nach dem Startschuß

Endlich gab Henri Bell den Startschuß. Jetzt waren die Hunde kaum noch zu bändigen. Ungestüm schossen sie mit ihren Schlitten los. Einige Schlitten stürzten sogar um.

Waags Kräfte ließen an der Ziegelfeldsteigung spürbar nach. Großmuth konnte seinen Vorsprung jetzt deutlich ausbauen. Die Gespanne aus der Schweiz und aus Norwegen hatten sich schon bald an die Spitze gesetzt. Etwa in Höhe des Teufelsteins begann der packende Kampf um den ersten Platz in der Bewertungsklasse I der Schlittenführer. Dieses Rennen konnte schließlich Rudi Stirlimann vom Schlittenhunde-Club Zürich klar für sich entscheiden. Inzwischen hatte Großmuth bereits die 40-Kilometermarke hinter sich. Er schien kaum noch zu schlagen zu sein, die Großgespanne mußten eine Strecke von 24 Kilometern zurücklegen. Da holte Waag gewaltig auf. Was kaum einer noch für möglich gehalten hatte, trat ein. Mit einem Vorsprung von 13,7 Sekunden schoß er vor Großmuth durchs Ziel. Stürmischer Beifall empfing den neuen badischen Langlaufmeister: Rainer Waag! Mit fast ohrenbetäubendem Bellen trafen die ersten Gespanne in Dorflehen ein.. Fast eine Stunde dauerte es, bis der letzte Schlitten durchs Ziel sauste.

Auch in diesem Abschnitt ist einiges durcheinander geraten. Die Anzahl der Sätze, die mit dem Schlittenhunderennen zu tun haben, trage bitte hier ein: ____________

Geschäftiges Treiben herrschte in der Loipenhütte. Die Jury hatte alle Hände voll zu tun, die Siegerehrung der Langlaufmeister vorzubereiten. Die Wartezeit für die vielen Teilnehmer und Zuschauer wurde vom Bläserchor des Musikvereins Pausbacken angenehm überbrückt. Fleißige Helfer vom Skiclub Langbretten versorgten die Wartenden mit heißem Tee. Das schöne malerische Bild mit den rassigen Tieren war ein besonderer Anziehungspunkt für alle Fotofreunde. Dies schien vielen wichtiger als die Rennergebnisse der einzelnen Gespanne. Henri Bell, der die Gesamtleitung des Rennens übernommen hatte, mußte mit dem Zielrichter noch einige Streitfragen klären, so daß die Endergebnisse bei Redaktionsschluß noch nicht vorlagen. Wir werden in unserer morgigen Ausgabe ausführlich darüber berichten. Um 18.15 Uhr eröffnete Bürgermeister Quatschinger die Siegerehrung mit einer zündenden Rede über den Sportsgeist unserer Jugend. Als Vorbild zum Nacheifern nannte er den neuen Meister Rainer Waag, dem er unter tosendem Beifall den "Goldenen Ski" überreichte. Mit dem gleichen Beifall wurde am Ende seiner Rede die Zusage aufgenommen, noch in diesem Jahr eine eigene Kinder-Langlauf-Loipe anzulegen. Bei besserer Organisation hätten die Ergebnisse sicher vorliegen können. Aber trotz allem darf man sich schon heute auf das Schlittenhunderennen im nächsten Jahr freuen.

Die Anzahl der Sätze, die zum Schlittenhunderennen gehören: ____________

Wenn du die nicht passenden Sätze durchgestrichen oder die passenden unterstrichen hast, kannst du jetzt die Geschichte zusammenhängend in einem Zug lesen:

Das große Bellen

Spannendes Schlittenhunderennen in Dorflehen

Bilderbuchwetter herrschte beim großen Preis des Schlittenhunderennens. Bei der Begrüßung gab der Präsident des SV Schlittenhunde e.V., Altmeister Henri Bell, einige Erläuterungen zu dieser relativ alten Sportart. Er erklärte vor über 700 Besuchern, daß es diese Art von Rennen in Skandinavien bereits seit Jahrzehnten gebe. Dabei werde ein Schlitten von 10 bis 20 Kilogramm Gewicht von mehreren Hunden gezogen. Es würde in verschiedenen Klassen gestartet. Diese Einteilung richte sich nach der Größe der Gespanne.

Die Schlittenhunde oder auch Polarhunde seien Hunderassen, die unserem Spitz sehr ähnlich sind. Sie seien für das Ziehen von Schlitten abgerichtet worden. Beim Rennen stehe der Schlittenführer auf den verlängerten Kufen

Rudi Stirlimann vom Schlittenhunde-Club Zürich 500 m vor dem Ziel

am Ende des Schlittens. Das Steuern des Schlittens erfolge durch eine Bremse, die in den Schnee gedrückt wird. Der Schlittenhundeführer habe ungefähr die Aufgabe eines Kutschers. Einerseits lenke er das Gespann, treibe die Tiere an, andererseits sei er der Freund seiner Hunde. Dies konnte man vor dem Start tatsächlich gut beobachten. Viele Schlittenführer flüsterten ihren Hunden etwas ins Ohr, andere kraulten ihre Tiere.

Die Hunde waren bis zum Start angepflockt. Endlich gab Henri Bell den Startschuß. Jetzt waren die Hunde kaum noch zu bändigen. Ungestüm schossen sie mit ihren Schlitten los. Einige Schlitten stürzten sogar um.
Die Gespanne aus der Schweiz und aus Norwegen hatten sich schon bald an die Spitze gesetzt. Etwa in Höhe des Teufelsteins begann der packende Kampf um den ersten Platz in der Bewertungsklasse I der Schlittenführer. Dieses Rennen konnte schließlich Rudi Stirlimann vom Schlittenhunde-Club Zürich klar für sich entscheiden.
Die Großgespanne mußten eine Strecke von 24 Kilometern zurücklegen. Mit fast ohrenbetäubendem Bellen trafen die ersten Gespanne in Dorflehen ein. Fast eine Stunde dauerte es, bis der letzte Schlitten durchs Ziel sauste. Das schöne malerische Bild mit den rassigen Tieren war ein besonderer Anziehungspunkt für alle Fotofreundc. Dics schien vielen wichtiger als die Rennergebnisse der einzelnen Gespanne. Henri Bell, der die Gesamtleitung des Rennens übernommen hatte, mußte mit dem Zielrichter noch einige Streitfragen klären, so daß die Endergebnisse bei Redaktionsschluß noch nicht vorlagen. Wir werden in unserer morgigen Ausgabe ausführlich darüber berichten. Bei besserer Organisation hätten die Ergebnisse sicher vorliegen können. Aber trotz allem darf man sich schon heute auf das Schlittenhunderennen im nächsten Jahr freuen.

(Übrigens die Anzahl der Sätze in den einzelnen Abschnitten: 6 – 19 – 6)

7 Schlitten für rasanten Denksport

1 ● Oft steht in einem Text mehr, als du lernen mußt.

2 ● Schreibe das Thema deiner Arbeit (Aufsatz oder mündliche Aufgabe) auf einen Zettel.

3 ● Verwende diesen Zettel als Lesezeichen und benutze ihn zwischendurch als Gedankenstütze. (Er erinnert dich immer wieder an das Thema.)

4 ● Streiche mit einem Bleistift die Abschnitte leicht durch, die im Augenblick nicht zu deinem Thema gehören.

5 ● Beschäftige dich dann mit dem übrigen Text, der jetzt überschaubarer geworden ist.

6 ● Fertige einen Notizzettel an, auf dem du Stichworte aus diesem Text festhältst.

7 ● Stelle einen Zusammenhang zwischen den einzelnen Stichworten her, präge dir die Stichworte ein. Das reicht! Den gesamten Text mußt und kannst du sowieso nicht lernen.

Laß dich nicht aufs Glatteis führen, auch wenn's jetzt zum Eisstockschießen geht:

Eisstockschießen

Unsere Scheibe heißt: **"eiskalt"**
Um die Scheibe herum sind die Eisstöcke markiert, nur fehlen die Namensschilder. Die trägst du jetzt ein. Manche Stöcke sind gleich weit von der Scheibe entfernt, bei anderen siehst du sofort, daß die Entfernung von der Scheibe verschieden groß ist. Wenn du dir nicht sicher bist, dann nimm dein Lineal und miß nach.

Trage nun die Namen der Eisstöcke, die du unten findest, ein und zwar so: Wörter, die in der Bedeutung nahe an eiskalt sind, trägst du nahe bei der Scheibe ein, solche, von denen du meinst, daß sie ganz und gar nicht das gleiche bedeuten, trägst du weiter weg ein. Wenn du meinst, daß zwei Wörter gleichweit in ihrer Bedeutung von eiskalt sind, dann stehen sie auch gleichweit entfernt von unserer Scheibe. Richtig "Brüllheiß" ist am weitesten entfernt.
Gut Schuß!

mollig lauwarm heiß
frostig handwarm
eisig brüllheiß warm

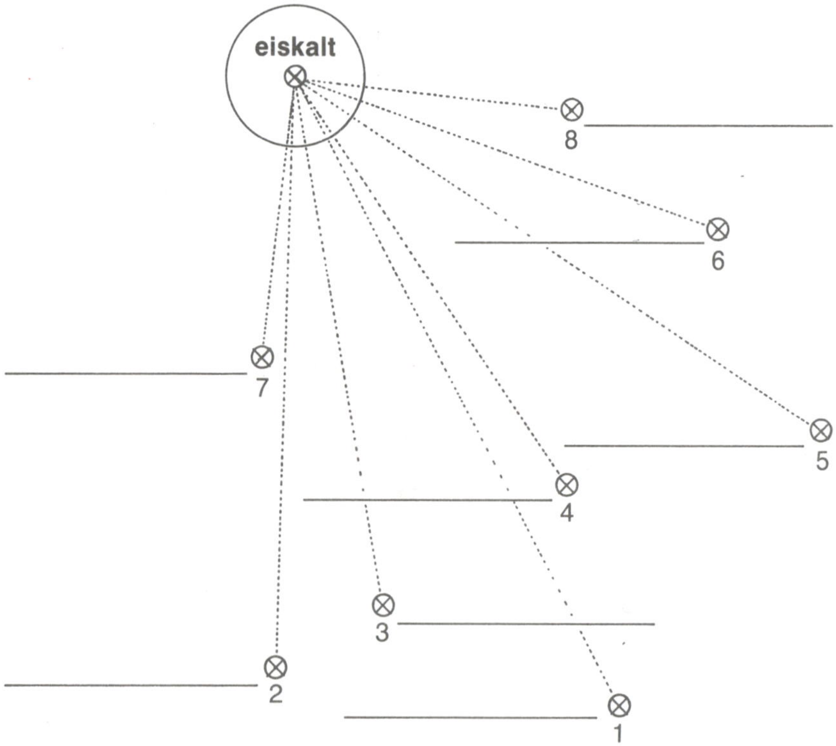

Lösung:

1 brüllheiß 2 mollig
3 warm 4 handwarm
5 lauwarm 6 heiß
7 eisig 8 frostig

Dieses Zeichen deutet auf Sieg: 82 – 90!

17 Scherben bringen Glück

Oder: Was systematisches Arbeiten bewirkt

"Das ist ja fürchterlich mit dir, Kniffix", beklagt sich Pfiffix. "Die ganze Nacht wälzt du dich von einer Seite auf die andere und brummelst in einem fort: Ibbele abbele up – laß kosten mich von süße Supp'! Träumst du wieder von unserem Freund Alem Knischesa und seinem süßen Geheimnis?"
"Ja, natürlich – weißt du noch . . .?"

Alem Knischesa lebt im Land der sieben Träume; jeden Tag in der Woche haben Kinder dort einen anderen schönen Traum. Daher auch der Name.
Was, du kannst das Land der sieben Träume nicht auf der Landkarte finden? Nun, weißt du, die Erwachsenen haben immer so viel zu tun, daß sie manchmal Dinge vergessen – und meist sind das Dinge, wovon Kinder träumen.

Alem Knischesa wohnt am Strand gleich neben der Schule, was recht praktisch ist, so muß er nicht so früh aufstehen. Er ist jetzt in der vierten Klasse und nächstes Jahr muß er in die neue Schule. Aber die liegt weiter weg. Da muß er morgens früh aus dem Bett und mit seinem Teppich hinfliegen. Deshalb ist Teppichfliegen im Land der sieben Träume auch so ein wichtiges Unterrichtsfach. Siebenmal die Woche übt er Fliegen - und er kann es schon ganz gut.

Besonders im Sommer, wenn das Wasser ganz warm ist, macht das Fliegen am meisten Spaß. Alem hat diese Woche schon zwei Naßlandungen hinter sich. (Eigentlich hätte er im Sand landen müssen!)
Jedesmal, wenn er so über den kleinen Übungsstrand fliegt, träumt er davon, wie schön es wäre, einmal eine richtige weite Reise zu machen. Von seinem kleinen Teppich aus all die Länder zu sehen, von denen er in der Schule hört.
Ganz besonders hat der Schnee es ihm angetan. Er stellt sich das herrlich vor, so kühl und frisch und angenehm.
Alem träumt während seines Übungsfluges schon wieder davon und vergißt all die Sorgen, die er so hat. Er träumt und träumt und träumt, dabei langt er immer wieder in den Krug des süßen Geheimnisses. Jedes Kind im Land der sieben Träume hat einen solchen Krug. Man langt mit dem Zeigefinger ganz tief hinein, schließt dabei die Augen,

steckt dann den Finger in den Mund und schleckt ihn ab. Hmhmhm! Er taucht seinen Finger wieder in den Krug, er träumt, taucht ein, träumt . . . Dabei merkt er gar nicht, daß er überhaupt nicht mehr zu Hause ist. Das Land unter ihm sieht ganz anders aus; seltsam – so weiß – alles weiß. Alem fröstelt.
Auf einmal muß er niesen, und verflixt nochmal, Himbeersirup und Bananenketchup: Sein Krug fällt herunter. Alem setzt zu einer Sturzlandung an, vergißt dabei, daß es hier weder Sand noch Wasser gibt. – Sein Hintern tut ihm ordentlich weh, als er neben den Scherben seines Kruges landet. "Ibbele abbele up – da fließt sich süße Supp'". Er schimpft fürchterlich: "Krizemaleflegetontiastyx! Prastafollaminoxpuddallimas!" Wie konnte ihm das nur passieren. Sein Krug des süßen Geheimnisses in tausend Scherben. Und wieder legt er los: "Ibbele abbele up – Geheimnis du von süße Supp'!"

Hastig ramscht er alles zusammen und mit seinen verklebten Fingern versucht er, die Scherben aneinander zu kitten. Aber das wird nichts Rechtes. Der Krug nimmt ganz seltsame Formen an. Er sieht gar nicht so aus, wie er früher ausgesehen hat. "Ibbele abbele up . . .", legt er wieder los, als er auf einmal ein seltsames Wiehern hört. Neben ihm steht ein freundliches Langohr. "Ich bin Kniffix, und das ist mein Freund Pfiffix", wird Alem begrüßt. "Und ich bin Alem aus dem Land der sieben Träume." "Kenn' ich nicht," meint Pfiffix.

Alem erzählt ihnen vom Krug des süßen Geheimnisses. Kniffix bekommt schon ganz lange Zähne. "Ibbele abbele up . . .", beginnt Alem schon wieder. "Meinst du, wenn wir den Krug reparieren, daß dann das süße Geheimnis wieder da ist?" will Pfiffix wissen. "Ganz bestimmt", strahlt Alem, der sich über so viel Hilfsbereitschaft freut.

"Also dann, auf geht's! Da muß man ganz systematisch ran!" Pfiffix nimmt eine Tube Klebstoff und einen Filzschreiber aus seiner Tasche und so gehen alle drei daran, die Scherben zu sortieren. Sie ordnen nach Farbe, nach groß und klein und nach Randstücken.
"So, jetzt laß uns das mal zusammenkitten", treibt Kniffix ungeduldig an. Er ist ganz aufgeregt, zu sehr interessiert ihn das süße Geheimnis.
"Da sind ja lauter Lernsprüche auf dem Krug", entdeckt Pfiffix. "Dann geht's ja noch schneller – los, träum' nicht", wiehert Kniffix wieder.

Schon nimmt der Krug Gestalt an. "Ibbele abbele up – Krug ist sich fertig schwuppdiwupp", strahlt Alem. Er macht seinen Teppich schon startklar, Kniffix reicht ihm den Krug, riecht: "Hmhm schlecker lekker", schnalzt er mit der Zunge. Er nimmt seinen Vorderhuf – und gerade als er ihn in den Krug stecken will, kommt eine Windböe, Kniffix stolpert zur Seite, der Teppich schwingt sich in die Luft, streift mit seinen Fransen an Kniffix' Ohren und schon ist Alem gestartet: "Ibbele abbele up – seid ihr zwei euch tolle Club! – Ich schreib euch, sobald ich zu Hause bin! Ibbele abbele up – Alem hat sich wieder süße Supp'!"

"Ich glaub', dir hopst der Scheitel", ruft Kniffix ihm verärgert nach. "Du wolltest uns doch mal probieren lassen!" – "Scharfes S und Einmaleins", stampft Pfiffix mit dem Fuß in den Schnee, "jetzt weiß ich immer noch nicht, was das süße Geheimnis ist." – "Und es roch so gut", jammert Kniffix und zähneknirschend brummelt er: "Ibbele abbele up – ich dir Buckel schrubb'!"

"Laß mal", lenkt Pfiffix wieder ein, "ich glaube, Alem hält sein Versprechen und schickt uns wirklich einen Brief – und da ist bestimmt eine tolle Briefmarke drauf." Aber das hört Kniffix schon nicht mehr. Er ist fest eingeschlafen und Pfiffix hört ihn nur noch stöhnen: "Ibbele ab-bele-- u-up--."

Ja – und inzwischen ist Alem zu Hause gelandet und er schreibt seinen Freunden einen langen Brief. Das süße Geheimnis darf er nicht preisgeben, aber ein bißchen lüftet er es doch:

7 Krüge voller Lernmethodik

1. Teile dir deine Aufgaben und Pflichten gleichmäßig ein. Vermeide, daß einige Tage überbelastet sind, während du an anderen kaum etwas tust.

2. Laß eine Hausaufgabe nie länger als zwei Tage liegen.

3. Damit du Gelerntes nie vergißt, mußt du es öfters wiederholen. Und zwar nicht nur an einem Tag, sondern auf mehrere Tage verteilt.

4. Wenn du zwei sehr ähnliche Aufgaben hintereinander erledigst, muß dein Gedächtnis weit mehr leisten, als wenn du Verschiedenes aufeinander folgen läßt. Bringe möglichst viel Abwechslung in deine Lernzeit.
   (Also nicht Deutsch – Geschichte – Mathe., sondern: Deutsch – Mathe. – Geschichte.)

5. Frage hin und wieder deinen Lehrer, in welcher Zeit du bestimmte Aufgaben fertig haben müßtest. Kontrolliere, ob du diese Zeit einhalten kannst. (Das ist übrigens ein gutes Training für deine Klassenarbeit.)

6. Überlege mal, wozu die einzelnen Fächer gut sind. Wenn du überzeugt bist, daß das einzelne Fach für d i c h wertvoll und interessant ist, wirst du darin echte Lernerfolge haben.

7. Wer so systematisch arbeitet, kann sich ohne Gewissensbisse ab und zu einen Umweg oder gar einen faulen Tag leisten.

Die Sache mit dem Kamm

Neun Wörter sollst du aus den unten stehenden Buchstaben bilden. Sieben Wörter mit je vier Buchstaben trägst du senkrecht in die Zähne des Kamms ein; in die leeren Felder der waagrechten Linie setzt du dann die übriggebliebenen Buchstaben sinnvoll ein. Kniffix meint, du solltest die zwei Tätigkeiten, die du im Kamm ablesen kannst, auf alle Fälle berücksichtigen.

Die Wörter:
1. großer Raum 2. sehr großes Gewässer 3. Lob, Anerkennung 4. Zahl ohne Wert 5. Fingerschmuck 6. Musikzeichen 7. Gerät zum Fische fangen

Die Buchstaben:
AAA D EEEEEEE G H I LLLL MM NNNN OO RRR S TT UZ

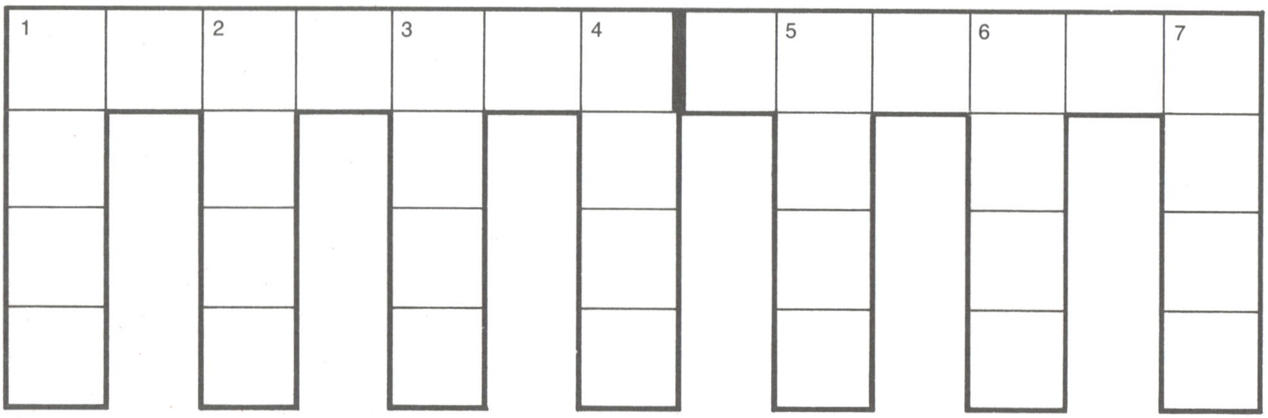

Lösung:

Das Ende rückt immer näher: 90 – 96!

18 Der rasende Reporter

Oder: Wer fragt, gewinnt

Pfiffix schnappt sich den Cassettenrecorder, einen Notizblock, einen Kuli und braust los wie die Feuerwehr - nein, zur Feuerwehr. ”Wo brennt's denn?” fragt der Kommandant sofort. ”Ist das immer ihre erste Frage?” fragt Pfiffix zurück. Er notiert und brummelt sich in die Barthaare: ”Nicht schlecht, gar nicht schlecht - in der Tat, eine gute Frage . . . - Ich komme im Auftrag der LIBFI”, sagt er dann laut und deutlich. ”LIBFI?” wiederholt der Kommandant ungläubig, ”nie gehört!” ”Was!” ist Pfiffix etwas beleidigt, ”sie kennen LIBFI, das größte und bedeutendste Institut für Meinungsforschung nicht?” Der Kommandant kratzt sich bedächtig am Kinn, schiebt mit dem Zeigefinger die Dienstmütze etwas hoch: ”Ach so, hm, ja stimmt, so langsam dämmerts - aber was heißt LIBFI eigentlich?”

Pfiffix hat inzwischen den Cassettenrecorder startklar gemacht und erklärt mit geschwollener Brust: ”Das größte und bedeutendste Meinungsforschungsinstitut ist LIBFI, das Loch-in-Bauch-Frage-Institut!”

Pfiffix schaut nun in seinen Block, in dem er einiges notiert hatte:

- Begrüßung
- Stelle mich vor
- Warum ich gekommen bin
- Bitte um ein Gespräch
- Wie wird man Feuerwehrmann?
- Welche Ausbildung benötigten Sie?
- Können auch Mädchen diesen Beruf erlernen/ausüben?
- Wieviel Feuerwehrleute gibt es in unserer Stadt?
- Wieviel Fahrzeuge haben Sie?
- Wie oft werden diese eingesetzt?
- Wann war der letzte Einsatz?
- Wie lange müssen Sie arbeiten?
- Haben Sie bei Ihrer Arbeit schon mal ein besonders aufregendes Erlebnis gehabt?
- Was war ihr schönstes Erlebnis bei der Arbeit?
- Haben Sie schon mal Angst gehabt bei Ihrem Dienst?
- Würden Sie das gleiche noch einmal werden wollen?
- Bedanke mich für Ihre Freundlichkeit und für das Gespräch

"Mannomann, Kniffix, war das aufregend. Echt Spitze, der Kommandant bei der Spritze. Morgen gehe ich zur Polizei, übermorgen zum Roten Kreuz, nächste Woche . . ." Pfiffix sprudelt nur so vor Begeisterung.
"Da geh' ich aber auch mal mit", unterbricht Kniffix den Redeschwall seines Kumpels. "Okay", antwortet Pfiffix gönnerhaft. Und schon schmieden die beiden einen genauen Plan: Wann? Wohin? Zu wem? Was fragen wir? . . .

Ja, was hältst du davon, auch einmal eine solche Befragung oder ein Interview durchzuführen? Am besten machst du dir ebenfalls ein paar Notizen (übrigens, die Notizen von Pfiffix waren gar nicht übel . . .)
Überlege, welche Fragen du an einen Polizeibeamten auf der Straße stellen kannst. Was soll dir der Polizist auf der Polizeiwache beantworten? Was interessiert dich am meisten? Was möchtest du von Mitarbeitern des Roten Kreuzes wissen?
Wichtig ist auch noch, daß du dir klar machst, daß die Beamten der Polizei, die Feuerwehrleute und die Helfer beim DRK nicht immer Zeit für eine Befragung haben. Vielleicht kannst du vorher anrufen und einen Termin vereinbaren. Wenn ihr höflich um etwas bittet, werdet ihr bestimmt nicht abgewiesen.
Sollte dir allein der Mut fehlen, nimm eine Freundin oder einen Freund mit. Auch sie oder er kann dir beim Fragen behilflich sein: Zwei wissen immer mehr als einer!
Bevor ihr zu den Leuten geht, überlegt euch, wie ihr vorgehen wollt.
Und schon kann's losgehen: Ein Reporter fragt stets nach den großen "W" (Wer - Wann - Wie - Warum - Wo . . .)
Wer fragt - gewinnt! Das bedeutet, nur wer fragt, kann Antworten bekommen. Nur wer tatsächlich den Mut hat, Fragen zu stellen und sich vor einer dummen Antwort nicht fürchtet, wird mehr erfahren.

Das gilt auch für die Schule. Allerdings kann es schon mal vorkommen, daß du dort eine Antwort bekommst, die dir gar nicht gefällt. Etwa so:
- Das war der größte Blödsinn, den du jemals gefragt hast.
- Denk zuerst nach, bevor du fragst!
- Das ist eine selten dumme Frage!
- So etwas kannst auch nur du fragen.
- Das haben wir doch jetzt eben ausführlich besprochen.
- Frag' nicht so dummes Zeug!
- Jeder blamiert sich, so gut er kann.
- Diese Frage gehört jetzt nicht hierher.
- Der nächste, der so dumm fragt, fliegt raus!

Das alles sind keine Antworten – oder zumindest sehr schlechte. Laß dich dadurch nicht entmutigen. Die meisten Lehrer sind recht froh, wenn ihre Schüler Fragen an sie stellen! Und eigentlich ist es doch die Ausnahme, wenn ein Lehrer so antwortet wie hier oben. Vielleicht hat er seinen schlechten Tag – den dürfen Lehrer auch mal haben. Daran kann man übrigens sehr schön sehen, daß Lehrer keine Halbgötter – oder so etwas ähnliches – sind, sondern ganz normale Menschen. Von einer einzigen schlechten Erfahrung solltest du dich nicht auf "ewige Zeiten" beeindrucken lassen. Nimm einen neuen Anlauf – du wirst oft überrascht sein: Das bringt's!

7 Hits aus dem Fragestudio

1 • Hast du etwas nicht verstanden, frage nach. Denn dann ist deine Frage keine dumme Frage.

2 • Fragen stellen ist kein Zeichen von Dummheit, sondern zeigt Interesse und Mut: Wer fragt, denkt mit!

3 • Bevor du fragst, überlege w a s du wissen willst.

4 • Notiere dir zuhause eine Frage, die du in der nächsten Unterrichtsstunde stellen willst. (Dann stelle sie auch.)

5 • Laß dich vom Lachen oder Grinsen einiger "Alleskönner" nicht beirren. Sie sind selbst unsicher und oft die "Blöderen". Einige Mitschüler sind bestimmt froh, daß du gerade diese Frage gestellt hast.

6 • Was die Lehrer angeht: Laß dich nicht entmutigen! Die meisten Lehrer sind für Fragen offen.

7 • Viele Fragen kannst du mit Hilfe von Duden, Lexikon, Notizzetteln, Haushef- ten oder Schulbüchern allein beantworten. Wer Fragen hat, muß suchen!

Das Rundrumrätsel

Pfiffix schaut ratlos drein. "Was soll ich denn damit", meint er und macht ganz große Augen. "Das ist aber wirklich einfach, Pfiffix: Jedes Feld hat eine Nummer, von eins bis sechzehn. Du sollst jetzt von der Mitte aus in jedes Feld ein bestimmtes Wort eintragen. Alle Wörter beginnen mit R und hören entweder mit 'N' oder 'E' auf (das siehst du im äußersten Kreis)."

"Nima Problema, voll kapiert", meint Pfiffix. Nummer eins ist dann 'Rätsel lösen'?; Ja, ganz einfach, in das erste Feld trage ich das Wort 'raten' ein. Ich habe es wieder rausradiert, denn der Pfiffix schreibt nicht immer sehr leserlich. Aber du kannst es gleich eintragen. Viel Spaß rundherum!

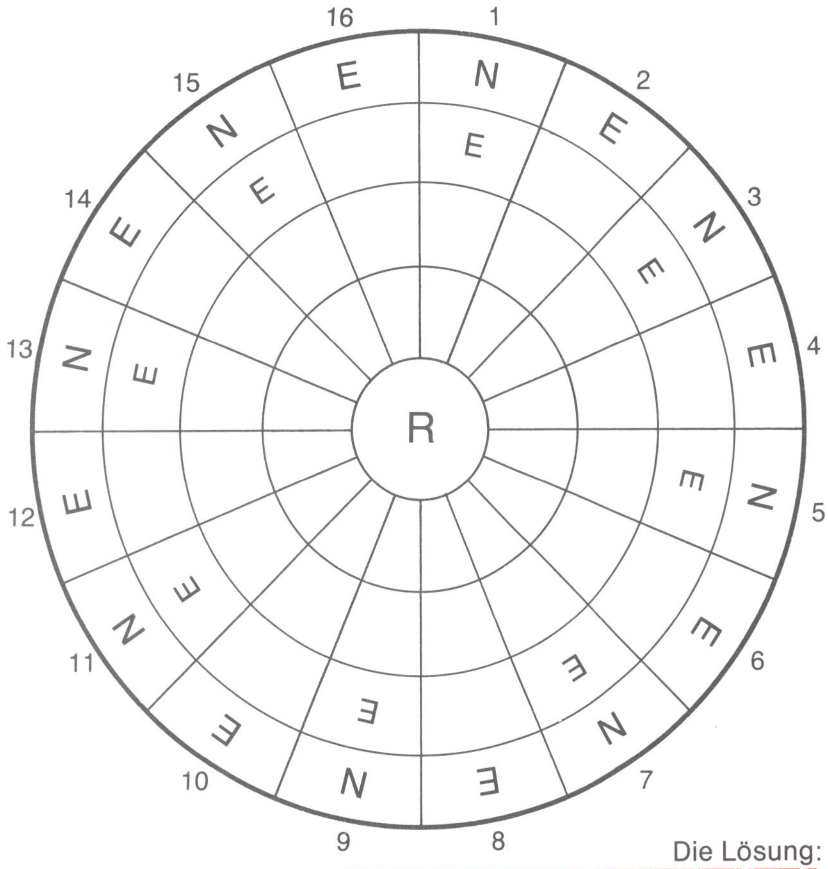

Denke an . . .

1. Rätsel lösen
2. einen sehr großen Menschen
3. Mittagsschläfchen
4. ein zerfallenes Bauwerk
5. Sprechen
6. Knochen des Brustkorbs
7. Knecht Rupprecht
8. Leitung bei Filmaufnahmen
9. Schwarze Vögel
10. Große Fahrt
11. Dunkle Wolken
12. Haut des Baumes
13. Wälder abholzen, um Ackerland zu gewinnen
14. Ruhegeld von Arbeitern
15. gepflegte Wiese
16. Gelüste eines Verlierers

Die Punktezahl wird heute dreistellig: 96 – 106.

Die Lösung:

1. Raten, 2. Riese, 3. Ruhen, 4. Ruine, 5. Reden, 6. Rippe, 7. Ruten, 8. Regie, 9. Raben, 10. Reise, 11. Regen, 12. Rinde, 13. Roden, 14. Rente, 15. Rasen, 16. Rache.

Ich weiß,
daß ich gute Arbeit
leisten kann.

19 Das besiegte Bauchweh

Oder: Wie du zur rechten Zeit das Richtige tust

Kurt feiert seinen Geburtstag. ein Riesen-Hallo, Bombenstimmung, es wird gelacht, gespielt, gesungen. Kniffix und Pfiffix sind natürlich auch dabei.

Kurt bereitet das Abendessen vor. Emsig macht er sich in der Küche zu schaffen. Niemand darf ihm helfen, es soll eine Überraschung für alle werden.
Da, ein Plumps und ein Schrei: "Au - au - o weh!" Alle springen sofort in die Küche, um zu sehen, was passiert ist. Da liegt Kurt auf dem Boden und krümmt sich vor Schmerzen. "Was ist los, was ist passiert, was hast du gemacht?" rufen alle durcheinander. "Ich weiß nicht", stöhnt Kurt, "ich habe vorhin nur die Käsesuppe probiert. - Ob das vielleicht die Pilze sind, die ich da hineingegeben habe? - Au, tut das weh - aber ich habe doch alle Pilze, die ich gestern gesammelt habe, in meinem Pilzbuch verglichen. - Herrschaftszeiten, mein Bauch!"

"Wir müssen ihn ins Krankenhaus bringen", ruft Pfiffix. "Ruf doch den Krankenwagen", schlägt ein anderer vor und Kniffix wiehert aufgeregt: "Wir müssen einen Arzt fragen, was wir machen sollen, laßt uns den Doktor anrufen!"

"Ich kenne einen guten Professor", stöhnt Kurt, "Professor Karl Müller, aber ich weiß nicht genau, wo er wohnt. Und die Telefonnummer hab' ich auch vergessen. - Au! - Nur an die Hausnummer kann ich mich erinnern: 5. Ich war nämlich schon mal bei ihm, als ich wegen einer Mathe-5 solche Bauchschmerzen hatte. 5 - richtig, so heißt die Hausnummer." Pfiffix saust zum Telefon, schleppt das dicke Telefonbuch herbei und beginnt unter "Müller" zu suchen. "Majurem - nee", zischt er nervös, "das wimmelt ja nur so vor Müllers." "Mein Bauch!" stöhnt Kurt wieder. "Bitte, ruft doch den Professor Müller an!" "Weißt du denn die Straße noch, wo er wohnt?" fragt Pfiffix. "Nein doch, nein, das heißt irgendwas hat der Straßenname mit Medizin zu tun. M... straße 5, jedenfalls so ähnlich - au, hätte ich die verflixten Pilze nicht gegessen."

Sicher hast du auch schon mal im Telefonbuch einen Namen gesucht. Zuerst schaust du nach dem Ort, wo derjenige wohnt, den du anrufen willst. Die Ortsnamen sind alphabetisch geordnet.
Dann suchst du den Nachnamen, auch diese sind alphabetisch geordnet; gibt es nun mehrere gleiche Nachnamen, schaust du nach den Vornamen. Auch die stehen in der Reihenfolge des Alphabets untereinander.
– Weißt du noch, wie das in der Etappe mit dem ABC (Seite 39) war? – Gibt es nun auch noch mehrere gleiche Vornamen, brauchst du weiter Hinweise wie Straße oder Beruf. Hierbei entdeckst du häufig Abkürzungen wie Dr., das heißt Doktor oder Ing., das heißt Ingenieur oder Prof., das heißt Professor. Hast du nun den Prof. Karl Müller, der in einer M . . . straße 5 wohnt, auf der Telefonbuchseite gefunden?
Dann trage hier die Telefonnummer ein ____________ und jetzt noch die Straße ____

"Hast du es bald?" jammert Kurt weiter, "ich kann es vor Schmerzen kaum mehr aushalten!" "Ja, hier ist er", ruft Pfiffix, der schon die Wählscheibe des Telefons bedient. Gottseidank erreicht er Professor Müller auch sofort, der ihm die wichtigsten Ratschläge gibt.
"Also", ruft Pfiffix, als er aufgelegt hat und schon wieder eine neue Nummer wählt, "gebt dem Kurt sofort ein Glas Salzwasser, einen Eßlöffel Salz müßt ihr nehmen, ich rufe den Krankenwagen". – "Klar", rennt Kniffix los, "Salzwasser, natürlich, der Kurt muß ja unbedingt den Mist herausbrechen. Wenn das Salzwasser nicht hilft, helfe ich mit meinen langen Ohren nach, damit kitzle ich ihn so lange in der Gurgel, bis er wirklich kotzt, ich meine, bricht!"
Gesagt, getan – mit Blaulicht und Tatü - tata – rast der Krankenwagen herbei und kurz darauf tragen die Sanitäter den Kurt heraus.

"Hier, die Tüte", rennt Pfiffix ihnen nach, "der Professor braucht das, er muß das Erbrochene auch untersuchen!" – "Nicht sehr appetitlich", schüttelt Kniffix sich, "aber klarer Fall, was sein muß, muß sein . . ." Er

Falkenstr.24
Müller Karl 37 91 48
Gärtnerstr.48
Müller Karl 2 45 84
Güterhallenstr.4
Müller Karl 3 59 97
Herzogenriedstr.137
Müller Karl 1 54 19
Ifflandstr.18
Müller Karl 77 13 09
Karlstr.62
Müller Karl 70 32 46
KönigshoferStr.10
Müller Karl 79 14 96
Paulusbergstr.3
Müller Karl 47 31 22
Riestenweg 14
Müller Karl 47 48 57
Rohrlachstr.27
Müller Karl 70 35 07
SalzwedelerWeg 7
Müller Karl 70 69 20
TorgauerWeg 11
Müller Karl 10 25 61
Waldparkstr.37
Müller Karl 79 41 21
WallstadterStr.66
Müller Karl 85 37 72
WilhelmWundtStr.13
Müller Karl 79 39 77
Ziethenstr.60
Müller Karl 49 32 61
(Ilv) AmLeinpfad 3
Müller Karl Architekt 85 17 59
Fischerstr.22
Müller Karl Dipl.Ing. 73 31 23
OStud.R. DiedesfelderStr.13
Müller Karl Dr.med. ☎ 73 37 10
prakt.Arzt Grohbergstr.9
Müller Karl Geschäfts- 73 42 40
führer LeistadterStr.12
Müller Karl 70 63 08
Gruppenleiter MosbacherStr.8
Müller Karl Kfm. 40 68 32
Grünewaldstr.48
Müller Karl Obst Süd- 89 21 94
früchte GustavNachtigalStr.32
Müller Karl OIng. 2 74 72
Kaiserring 46
Müller Karl 85 19 30
OStaatsanwalt ImSennteich 34a
Müller Karl 75 54 26
OWerkMstr. HessischeStr.26
Müller Karl Revisor 79 43 75
Scheffelstr.82
Müller Karl Spenglerei 75 15 06
Installation Speckweg 69
Priv. Speckweg 69 75 46 69
Müller Karl A. Dr. 3 43 28
OStud.Dir. Nahestr.28
Müller Karl F. 49 36 07
(Ilv) AmorbacherStr.30
Müller Karl G. F 7, 40 2 61 33
Müller Karl H. 75 31 54
KasselerStr.14
Müller Karl H. Ing. 75 37 84
AmgrünenHag 4
Müller Karl M. 40 28 28
Sophienstr.14
Müller Karl O. 44 99 74
Prof. Dr. Medicusstr.5
Müller Karl P. 2 94 - 81 83
Ing. Ang. Rheindammstr.8
Müller Karl T. 44 19 45
Damenfriseursalon
Parfümerie SchwetzingerStr.26
Müller Karl W. Dipl.- 73 48 05
Kfm. Auerhahnstr.5
Müller Karlheinz 40 46 66
Böcklinstr.13
Müller Karl-Heinz 78 13 52
DanzigerBaumgang 51
Müller Karlheinz 77 37 12
Karlstr.142
Müller Karlheinz 2 30 45
Luisenring 34
Müller Karl-Heinz 37 55 68
Mittelstr.38

Müller Karl-Heinz 89 26 51
Gastwirt DänischerTisch 45
Müller Karl-Heinz 44 89 50
Kfm. Beethovenstr.7
Müller Karl-Heinz 49 26 65
Kfm.Ang. (Ilv) BechtheimerStr.9
Müller Katharina 79 24 69
AdolfDamaschkeRing 24
Müller Katharina 75 46 27
Altrheinstr.27
Müller Katharina 70 35 78
BrandenburgerStr.44
Müller Klara 29 14 64
Rennershofstr.16
Müller Klara 44 79 88
Sophienstr.16
Müller Klaus 70 48 71
FrankenbergerWeg 1
Müller Klaus 40 71 60
Kopernikusstr.62
Müller Klaus 47 54 52
OberkircherStr.1
Müller Klaus 85 13 63
Rathausstr.24
Müller Klaus 70 59 82
RostockerWeg 6
Müller Klaus 37 17 45
Schimperstr.15
Müller Klaus 44 26 17
SchwetzingerStr.67
Müller Klaus Dipl.Ing. 73 74 87
WormserStr.35
Müller Klaus Dr. ☎ 2 33 39
UniversitätsProf. Collinistr.10
Müller Klaus 47 38 63
ElektroMstr. BadenerStr.36
Müller Klaus P. Ing. 79 56 17
MaxvonSeubertStr.15
Müller Konrad 3 56 54
Mainstr.5
Müller Kurt 40 62 35
Augartenstr.102
Müller Kurt 40 41 70
AugustBebelStr.59 <81 47 83>
Müller Kurt 3 55 33
Herzogenriedstr.123
Müller Kurt 47 53 18
IffezheimerStr.15
Müller Kurt 37 66 28
KarlBenzStr.28
Müller Kurt 44 17 87
Medicusstr.10
Müller Kurt 81 11 01
Meerwiesenstr.6
Müller Kurt 73 51 48
RüdesheimerStr.35
Müller Kurt 44 73 59
SeckenheimerLandstr.37
Müller Kurt Auto- 44 26 36
sattlerei u. Tapeziergeschäft
Augartenstr.64
Whg. Q 7, 13 1 47 36
Müller Kurt Dipl.Ing. 75 18 21
Moosgasse 35
Müller Kurt Immob. 44 94 35
AugustaAnl.10 40 73 35
Müller Kurt Immob. 77 48 86
RastenburgerStr.36
Müller Kurt Ing. 89 23 72
OtterstadterStr.2
Müller Kurt Kfm. 79 11 28
Schwanenstr.25
Müller Kurt KfzMstr. 77 51 57
BibliserStr.14
Müller Kurt Uhrmacher 81 30 02
Eichelbergstr.18
Müller Kurt F. 44 85 01
Dipl.Ing. 40 71 13
Freier Architekt Lachnerstr.15
Müller Kurt J. 77 34 14
TilsiterStr.14
Müller L. 40 43 66
RichardWagnerStr.4
Müller Laura 40 40 94
Bachstr.2
Müller Leo 47 18 81
Vogesenstr.48
Müller Lisa E 7, 25 1 21 16

Müller Ludwig 2 25 30
PolsterwarenGroßHdl. F 4, 1
Priv. 40 25 98
AmOberenLuisenpark 3
Müller Luise 44 93 03
Brentanostr.30 <81 66 62>
Müller Luise 79 28 26
WallstadterStr.66
Müller Luise Damen- 3 67 58
salon Riedfeldstr.58
Müller M. 40 27 14
Brahmsstr.9
Müller M. 3 17 77
Eichendorffstr.31
Müller M. 37 64 67
Pumpwerkstr.45
Müller Magda 73 30 11
Winzerplatz 2
Müller Magdalena 75 84 56
EigeneScholle 46
Müller Magdalena 85 56 47
Grillenbergerstr.7 <81 69 27>
Müller Manfred 70 20 39
RostockerWeg 8
Müller Manfred u. E. 81 22 36
Drachenfelsstr.7
Müller Manfred 47 52 70
Bäckerei KolmarerStr.40
Müller Manfred 40 76 57
SteuerVollz.
RheinhäuserStr.17a
Müller Manfred 75 34 52
Taxi SchwalbacherStr.52
Müller Manfred M. ☎ 40 77 24
Versich.Kfm. Nietzschestr.24
Müller Margarete 75 33 78
Altrheinstr.21
Mueller Margarete 2 56 72
E 3, 15
Müller Margarete 3 18 32
Fröhlichstr.28a
Müller Margarethe 37 54 57
Hochuferstr.57
Müller Margit 10 26 47
Rheinvillenstr.16
Müller Margot 77 21 39
Hanfstr.41
Müller Margot 75 81 89
Sylterweg 4
Müller Maria 70 33 29
Alemannenstr.29
Müller Maria 40 62 63
Böcklinstr.70
Müller Maria 37 51 92
Dammstr.48
Müller Maria F 5, 5 10 16 38
Müller Maria 78 15 57
KattowitzerZeile 86
Müller Maria 75 84 39
MärkerQuerschlag 46
Müller Maria 37 52 32
Pestalozzistr.22
Müller Maria 70 66 42
RostockerWeg 12
Müller Maria 44 13 88
SeckenheimerStr.4
Müller Maria 37 11 18
Waldhofstr.118
Müller Maria 3 23 09
Zeppelinstr.29
Müller Maria Milch 3 26 48
Lebensmittel Alphornstr.34
Müller Maria 3 32 05
Papiergroßhandlung 3 66 55
Drosselstr.10
Müller Maria Textil- 44 87 76
großhandel BerlinerStr.16
Müller Marianne 79 35 09
MaxHachenburgStr.52
Müller Marianne 1 39 53
N 3, 16
Müller Marie-Luise 44 47 83
RobertBlumStr.1 <81 63 50>
Mueller Marta N 3, 1 2 85 91
Müller Martha 85 12 09
Angelstr.4
Whg. 81 32 58
LudwigBeckStr.17

Müller Michael Dr.med. ☎3 44 48
Facharzt f. innere Medizin
LangeRötterStr.34
Priv. 47 23 38
BadenerStr.28d
Müller Michael 70 63 57
Ing.grad. Trompetergasse 14
Müller Monika 37 27 45
Gartenfeldstr.18
Müller Nora 70 53 03
FreibergerRing 3
Müller Norbert 73 71 53
InnereBogenstr.3
Müller Norbert 70 25 87
WittenbergerWeg 7
Müller Norbert Dreher 75 37 23
GuterFortschritt 4
Mueller Ortrud 75 56 87
HessischeStr.91
Müller Oskar 75 64 43
SchwalbacherStr.60
Müller Oskar 37 68 33
StolbergerStr.8
Müller Otmar 75 35 28
AlteFrankfurterStr.8
Müller Otto 3 18 26
Eichendorffstr.26
Müller Otto 73 77 07
Gartenstr.1
Müller Otto 47 41 17
Kieselgrund 17
Müller Otto 73 72 41
Reiherstr.21
Müller Otto 44 26 38
Schleiermacherstr.5
Müller Otto 85 42 61
Schulstr.106
Müller Otto 79 43 83
Spessartstr.43
Müller Otto Rektor 3 45 70
Wupperstr.12
Müller Otto E. Ing. 79 19 72
AndreasHoferStr.65
Müller Otto H. Ing. 79 26 05
Wilhelmstr.35
Müller Otto-Walter u. 44 76 26
Christa C. Dürerstr.36
Müller'sche P. Dr. 70 11 03
Gutsverwaltung Straßenheim
Müller Paul 40 34 49
HeinrichLanzStr.29
Müller Paul 47 36 23
Hirschgasse 23
Müller Paul 44 42 91
RichardWagnerStr.79
Müller Paul Architekt 70 31 54
Bz.BauMstr. Herrmannstr.7
Müller Peter 85 29 40
Fischerstr.41
Müller Peter 75 28 53
HersfelderStr.4
Müller Peter 40 24 19
Möhlstr.22
Müller Peter u. Ute 10 26 24
E 7, 24
Müller Peter Ing. 3 31 39
KäfertalerStr.231
Müller Peter Spengler 77 38 70
u. Installateur Ausgasse 48
Müller Philipp 79 24 33
Gneisenaustr.1
Müller Philipp 81 24 65
Heiligenbergstr.5
Müller Philipp 3 12 21
OStud.R. Uhlandstr.31
Müller R. 37 23 54
Schafweide 57
Müller Ralf 44 26 37
Rampenweg 3 <81 55 77>
Müller Regina 37 48 47
Elfenstr.14
Müller Reiner KfzMech. 1 39 42
Lindenhofstr.98
Müller Reinhard 47 51 28
Blechnerei
MainNeckarBahnStr.1
Müller Reinhold 85 49 00
Angelstr.124

schüttelt sich nochmal, ist aber froh, daß er Kurt helfen konnte und hofft jetzt, daß es diesem bald wieder besser geht.

"Weißt du was", schlägt Kniffix seinem pfiffigen Freund ein paar Tage später vor, "wir rufen den Kurt mal an!" Pfiffix, der inzwischen Übung mit dem Suchen im Telefonbuch hat, blättert schon:

Müller - Kurt, ach du liebe Zeit, da gibt es ja auch jede Menge!" - "Mannometer - und jetzt? - Halt, ich hab's, die Straße!" ruft Kniffix. "Und die heißt?" fragt Pfiffix zurück. "Tja, wir laufen da immer hin, wissen genau wie wir gehen müssen, aber auf den Straßennamen haben wir nie geachtet . . . sowas! Doch, natürlich, irgendwas mit Käse, so 'ne Käsesorte irgendwie - ja, so heißt die Straße!" "Mmh", sucht Pfiffix emsig weiter, "die Hausnummer war doch 14?" - "Genau!" bestätigt Kniffix. "Ich hab's - hier" hält Pfiffix seinem Freund das Telefonbuch unter die Nase.

Hast du diesen Kurt Müller auch auf der Telefonbuchseite gefunden?

Dann schreibe doch bitte den Straßennamen ____________________
und die Telefonnummer ______________ hier auf.

Pfiffix wählt - bekommt sofort Anschluß: "Hallo Kurtchen, was macht das Bäuchlein?" ruft er in die Muschel. "Alles bestens, bin wieder voll auf dem Dampfer!" schallt es aus dem Hörer. "Und noch was", ruft Kurt weiter, "ich hab schon wieder Pilze gegessen - die waren astrein!" Na, wenn das kein Beweis ist, daß Kurt tatsächlich wieder kerngesund ist . . .

Auflösung:

Hast auch du gleich den richtigen Professor, [illegible]straße 5, Telefon-Nr. 44 09 74 und den richtigen Kurt, Tilsiter Straße 14, Telefon-Nr. [illegible], gefunden? - Gratuliere!

7 Pillen gegen Prüfungsangst

1. Du kannst nur das, was du gelernt hast – was du richtig gelernt hast, kannst du auch!

2. Zum richtigen Lernen mache dir einen Zeitplan, der dir sagt, w a n n du w a s in w e l c h e r Z e i t lernen mußt.

3. Daher mußt du wissen, was in der nächsten Klassenarbeit oder Prüfung drankommt. Diesen Stoff mußt du in verdauliche Portionen aufteilen.

4. Es ist dumm, erst am letzten Tag vor der Arbeit dafür z.B. eine Stunde zu lernen. Schlauer ist es, drei Tage vorher zu beginnen und jeden Tag zwanzig Minuten zu lernen.

5. Am letzten Tag vor der Arbeit darfst du nicht zuviel lernen, vor allem nichts Neues mehr. Eine kurze Wiederholung muß genügen.

6. Geh mit dem Gefühl in die Klassenarbeit, daß du dich gut vorbereitet hast. Auch wenn du nicht alles kannst, so weißt du doch, daß du eine Menge kannst.

7. Laß dich von ”Besserwissern” vor der Arbeit nicht verrückt machen. Übrigens: Tests, Klassenarbeiten und Zensuren sind nicht der ganze Lebenszweck!

Wer sucht, der findet

Nachdem du jetzt im Aufspüren so geübt bist, hast du bestimmt einen guten Riecher für die zwei Wege durch das Zahlenquadrat.

Der erste Weg führt von links oben nach rechts unten. Wenn du den richtigen Weg benutzt und die Zahlen der Felder, die auf deinem Weg liegen, addierst, erhältst du die 21.
Der zweite Weg führt von links unten nach rechts oben. Hier mußt du dir den Weg zur 37 bahnen. Natürlich müssen die aufeinanderfolgenden Zahlenfelder sich berühren.

37

5	4	6	8
9	3	7	2
7	1	8	7
4	7	2	6

21

Lösung:

[illegible]

Strich – Punkt – Strich – Punkt: 106–112.

20 Gefüllte Herzen bei 200 Grad

Oder: Wie du beim Pauken einen kühlen Kopf behältst

Backrezepte

Nachdem du die Kochrezepte (Seite 81 - 83) mit so viel Erfolg ausprobiert hast, meint Pfiffix, du könntest es heute einmal mit dem Backen probieren. Wie immer fangen wir mit etwas Leichtem an. Pfiffix nennt es

Knusperchen

Was du so alles brauchst für den Teig:	150 g Weizenmehl, 1 gestrichener Teelöffel (3 g) Backpulver, 2 gut gehäufte Eßlöffel (50 g) Zucker, 1 Päckchen Vanillinzucker, ½ Fläschen Rum-Aroma, 2 Eßlöffel Milch, 50 g Butter.
Zum Bestreichen:	Etwas Dosenmilch
Zum Garnieren:	Hagelzucker, Buntzucker, Mandelblättchen
Jetzt geht's ans Teigherstellen:	Mehl und Backpulver mischen und auf eine glatte Unterlage sieben. In die Mitte eine Vertiefung eindrücken, Zucker, Vanillinzucker, Aroma und die Milch hineingeben. Einen Teil des Mehls zufügen und mit einer Gabel zu einem dicken Brei verarbeiten. Darauf die in Stücke geschnittene kalte Butter geben, mit dem restlichen Mehl bedecken und von der Mitte aus alle Zutaten zu einem glatten Teig kneten. Achtung: Sollte der Teig kleben, so stelle ihn eine Zeitlang in den Kühlschrank
Teig ausrollen:	Den Teig dünn ausrollen, mit Förmchen ausstechen, auf ein gefettetes Backblech legen, mit Dosenmilch bestreichen und mit den angegebenen Zutaten verzieren.

Beim Ausbacken der Plätzchen achte bitte auf folgendes:

Gasherd:	Vorheizen:	5 Minuten auf Stufe 3 - 4
	Backen:	etwa 8 - 10 Minuten auf Stufe 3 - 4
Elektroherd:	Vorheizen:	175 - 200 Grad
	Backen:	auch etwa 8 - 10 Minuten

STOP **Ganz klar, daß du das Rezept nur probierst, wenn deine Mutter zuhause ist. Versprochen?**

Prima, ich weiß, daß ich mich da auf ich verlassen kann.

Beim nächsten Backrezept geht es um ganz besonders leckere Plätzchen: um: . . . S c h m a t z s c h l a b b e r d i p a p p ! . . .

Gefüllte ♥♥

Was du so alles brauchst:

Für den Teig:	125 g Weizenmehl, 60 g Zucker, 1 Päckchen Vanillinzucker, 1 Eßlöffel Milch, 50 g Butter
Für die Füllung:	1 – 2 Eßlöffel Fruchtmarmelade (z.B. Kirschmarmelade)
Für den Guß:	100 g Puderzucker, 1 – 2 Eßlöffel Wasser
Zum Dekorieren:	Irgendwelche Süßigkeiten z.B. 'Liebesperlen' oder Schokoladenstreusel, vielleicht auch 'Smarties'

Jetzt geht's endlich los:

Der Teig wird hergestellt: Das Mehl auf eine glatte Unterlage sieben. In die Mitte eine Vertiefung eindrücken; Zucker, Vanillinzucker und Milch hineingeben. Einen Teil des Mehls hinzufügen und mit einer Gabel zu einem dicken Brei verarbeiten. Darauf die in Stücke geschnittene kalte Butter geben, sie mit Mehl bedecken und von der Mitte aus alle Zutaten schnell zu einem glatten Teig verarbeiten. Sollte der Teig kleben, stelle ihn eine zeitlang in den Kühlschrank.

Vor dem Backen: wird der Teig dünn ausgerollt, ♥ ausstechen und auf ein gefettetes Backblech legen.

Beim Ausbacken der Plätzchen achte darauf:

Gasherd:	5 Minuten vorheizen auf Stufe 3 – 4 Backzeit: etwa 8 – 10 Minuten auf Stufe 3 – 4
Elektroherd:	175 – 200 Grad vorheizen Backzeit: 8 – 10 Minuten

Nach dem Backen die eine Hälfte der erkalteten Plätzchen auf der Unterseite mit Marmelade bestreichen und die übrigen mit der Unterseite darauf setzen.

Für den Guß mußt du den gesiebten Puderzucker mit so viel Wasser verrühren, daß eine dickflüssige Masse entsteht. Damit werden die Herzen bestrichen und dann mit Süßigkeiten, wie es dir gefällt dekoriert.

STOP **Ganz klar, daß du auch dieses Rezept nur dann ausprobierst, wenn deine Mutter oder dein Vater zuhause ist.**

7 Plätzchen, die das Lernen versüßen

1● Sorge dafür, daß du an deinem Arbeitsplatz ruhig und ungestört lernen kannst.

2● Es gibt viele Aufgaben, die du gemeinsam mit Freunden besser und schneller lösen kannst. (Achtung: Plauderstündchen und Spielrunden erst nach den Aufgaben.)

3● Wenn du nicht lernen kannst, weil dich ein Problem bedrückt, sprich mit Eltern, Geschwistern oder Freunden darüber. Danach geht es dir meist besser und du kannst auch wieder besser lernen.

4● Für deine Sorgenfächer nimm dir besonders viel Zeit – auch wenn du sie nicht besonders magst.

5● Zeige die fertigen Hausaufgaben deinen Eltern, bevor sie danach fragen.

6● Schreibe alles, was dir Freude macht auf einen Zettel. Suche dir eine Belohnung aus, wenn du dich angestrengt hast. (Die folgende Liste kann dir als Anregung dienen: Spielen – Fernsehen – Freunde einladen – Musik hören – Lesen – Buch kaufen – Basteln – Schwimmen – Radfahren – Briefmarken . . .)

7● So werden Erfolgserlebnisse sichtbar und greifbar. Guten Appetit beim Genießen!

Kombinationsrätsel

Nach so viel Training im Kombinieren noch eine echte Kniffelei. Gleiche Zahlen stehen für gleiche Buchstaben. Die Buchstaben in den Dreiecken sind die Anfangsbuchstaben der gesuchten Wörter. Es werden aber etliche Wörter gesucht, für die es keinerlei Hinweise gibt . . . Schaffst du das?

Hier noch eine kleine Kombinationshilfe:

Die ▶ für die waagerechten Wörter enthalten die Anfangsbuchstaben für – eßbaren Pilz – Straße mit Baumreihe – Nachtvögel – Zensuren oder Vorlagen für Musiker – Sitzmöbel – Wasserpflanze – großen deutschen Fluß – diebischen Vogel – Herbstblume – Radio- und Fernsehempfangsteil – geschlossen.

Die ▼ für die senkrechten Wörter enthalten die Anfangsbuchstaben für – TREU – INSEL – BROTE – ALBERN – TASSE – INDIANER – SKELETT – NEULING – FENSTER (dies sind bereits die einzusetzenden Originalworte . . .)

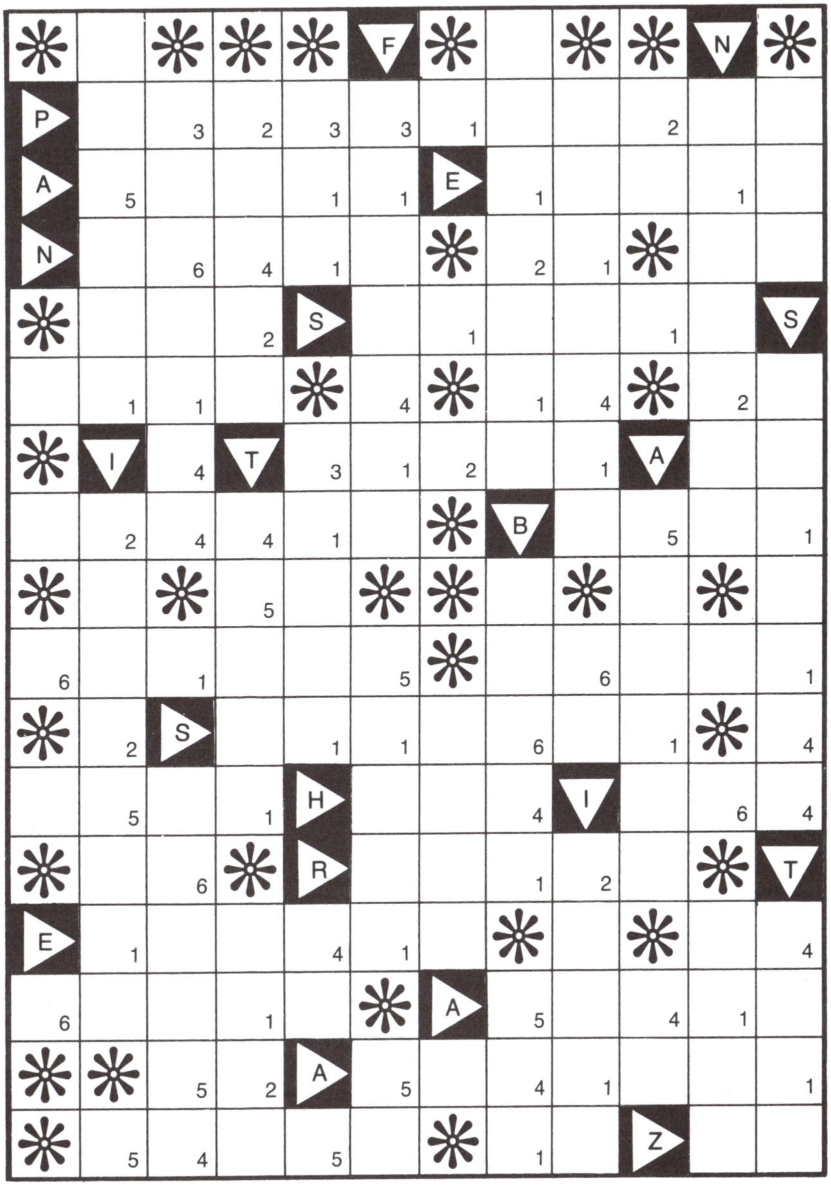

Herzlichen Glückwunsch für die bestandene Detektiv-Meisterprüfung!

Auflösung:

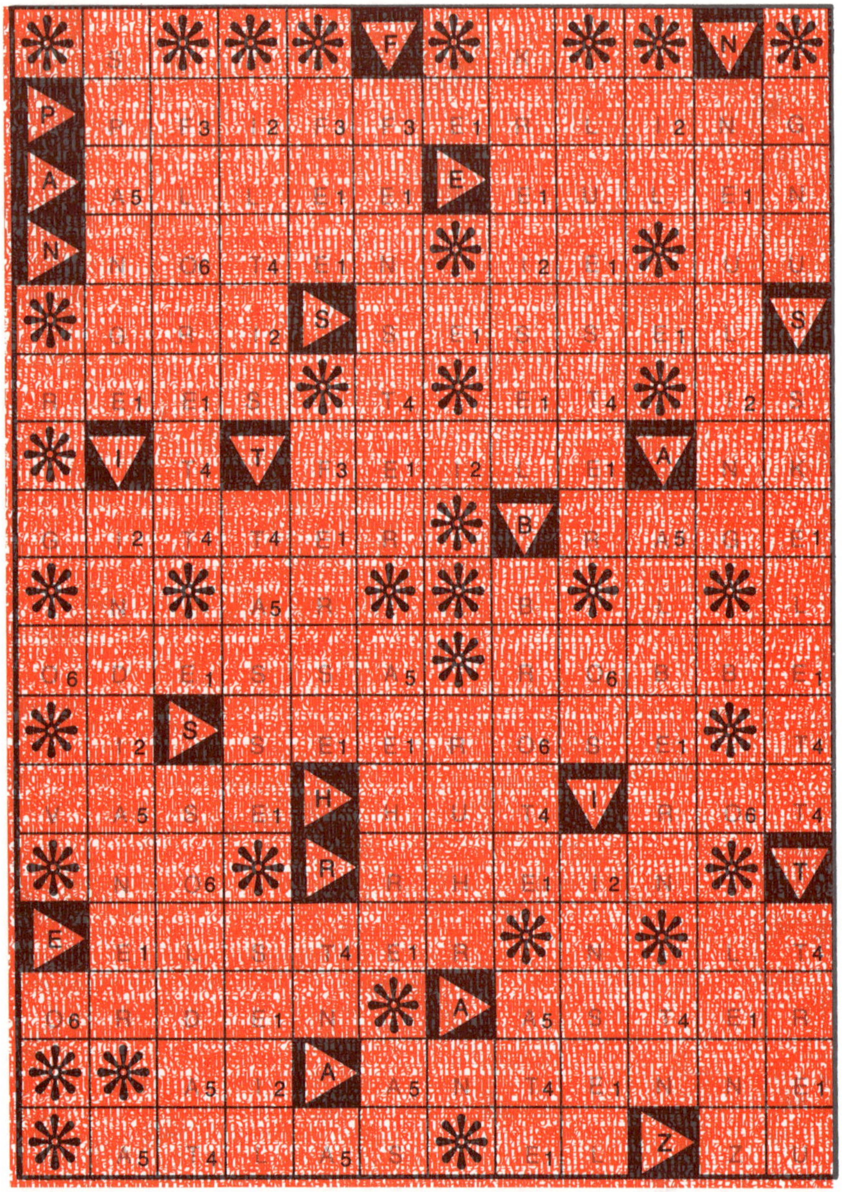

Das Ende ist schon greifbar nah: 112 – 117.

21 Geschafft vor lauter Faxen

Oder: Wie man Freunde gewinnt

Hallo, du alte Krö- Krö- Kröte,
komm schon raus, hör mir mal zu!
Ich bin Jakob und ich flö- flö- flöte,
kann auch singen, Reden schwingen –
was kannst du?

He, nun komm schon, alte Krö- Krö- Kröte,
wie lange muß ich denn noch schrei'n?
Bist du taub oder gar noch blö- blö- blöde,
warum ziehst du denn so den Schädel ein?

Dann eben nicht! – So sture Gestalten,
die schau ich einfach nicht mehr an.
Will lieber meinen Schnabel halten,
ich weiß ja selber, was ich alles kann.

Na, wenn ich zur Kröte Lilly schiele,
ob sie mich wohl bewundert jetzt?
Ei, dann wäre ich ja doch an meinem Ziele.
Klar, ich habe die rechte Technik eingesetzt!

Hmh, eigentlich ist sie ganz nett, die Alte.
Wie sie lächelt, wie sie strahlt.
Tut sie's, weil ich meinen Schnabel halte?
Erreicht man mehr, wenn man nicht prahlt?

Hallo, Lilly, du magst mich wieder leiden?
Okay – kapiert: du sprichst auch stumm.
Und wie man sieht, tut das Ergebnis beiden
richtig gut. – Weißt du warum?

7 Pfoten zum Händeschütteln und Schulterklopfen

1● Verhalte dich deinen Klassenkameraden gegenüber so, wie du willst, daß sie sich dir gegenüber verhalten.

2● Dränge dich nicht dauernd vor, stehe aber auch nicht immer im Abseits!

3● Mache nicht jeden Blödsinn mit aus Angst, man könnte dich für einen Feigling halten. (Wer nein sagen kann, ist ganz schön mutig!)

4● Hab keine Angst vor dummen Fragen, denn erstens gibt es die kaum und zweitens lachen sowieso nur ”Blöde” über Fragen ihrerer Kameraden.

5● Hacke nicht auf Schwächeren herum. Hilf ihnen lieber mal! Auch dazu braucht man sehr viel Mut. (Beobachte, wen die Starken sich für einen Streit aussuchen.)

6● Bitte einen Mitschüler ruhig mal um Hilfe (z.B. bei den Hausaufgaben oder bei einer anderen Arbeit) oder frage, ob du mitspielen darfst.

7● Wenn du dich so verhältst, bist du ein klasse Kumpel, ganz gleich, ob du abstehende Ohren, krumme Füße, rote oder keine Haare hast, lispelst, stotterst oder schielst.

Von Freund zu Freund

So, das wäre geschafft! Zum Schluß noch eine Geheimbotschaft von deinen beiden Freunden. Einige Buchstaben haben sie duch eine geometrische Figur ersetzt. Du bist inzwischen ja so durchtrainiert, daß du die Mitteilung bestimmt ohne Schwierigkeiten lesen kannst:

Und diese drei Wörter kannst du zum Schluß in die Sprech-/Denkblase auf Seite 159 schreiben:

Lösung:

[redacted]

Vergiß aber nicht, die Punkte von 117–128!

Literaturliste

Alle hier aufgeführten Bücher sind für Schüler geeignet:

Arbeitsgemeinschaft Lernmethodik, So macht Lernen Spaß - Praktische Lerntips für Schüler, Eine Veröffentlichung des Studienhauses St. Blasien, Beltz Verlag.
Dieses Buch ist ein Aufbauprogramm von "Mit Kniff und Pfiff". Es enthält über 50 praxiserprobte Lerntips für Schüler von 11 - 16 Jahren.

Beyer Günther, So lernen Schüler leichter, Econ-Ratgeber, Econ Verlag.
Ein Gedächtnis- und Konzentrationstraining (ab 10 Jahren).

Burns Marilyn, Mathe macht mich krank, Ravensburger Taschenbücher, Otto Maier Verlag.
Hier wird gezeigt, daß Mathe nicht mit langweiliger Rumrechnerei verwechselt werden darf. Mathe-Witze, -Rätsel, -Fragen, -Experimente, -Tricks und -Spiele sorgen dafür, daß Mathe seinen Schrecken verliert (ab 10 Jahren).

Burns, Marilyn, Mal scharf nachdenken, Ravensburger Taschenbücher, Otto Maier Verlag.
Ein Schüler-Ratgeber, wie man ein Problem löst, das doppelt so groß ist wie man selbst (ab 11 Jahren).

Burns, Marilyn, Ich will Ich sein, Ravensburger Taschenbücher, Otto Maier Verlag.
Nützliche Anregungen zur Stärkung des Selbstbewußtseins (ab 11 Jahren).

Klahn Paul, Kuddelmuddel, Herold Verlag, Stuttgart.
Ein heiteres Mitmach-Buch zum Lesen, Suchen, Raten, Malen, Selbermachen . . . (ab 9 Jahren).

Kruse Waltraut, Autogenes Training für Kinder, Goldmann Ratgeber.
Ein Lehrbuch für Kinder, die einen Autogenes-Training-Kurs unter fachmännischer Betreuung besuchen oder besuchen wollen und zu Hause weiterüben (ab 11 Jahren).

Ott Ernst, Intelligenz macht Schule, Deutsche Verlags-Anstalt.
Anregungen, Aufgaben und Spiele zur Förderung der Intelligenz und Konzentrationsfähigkeit (ab 10 Jahren.)

Ott Ernst, Besser lesen - mehr verstehen, Deutsche Verlags-Anstalt.
Ein 25-Tage-Programm, besser, schneller und lieber zu lesen. Für Schüler ab 10 Jahren.

Plickat, Erich, Der Rechtschreibtrolli für 2.-4. Schuljahr eignet sich gut für das Üben und Wiederholen zu Hause. Da mit Hilfe der beiliegenden Lösungsfolie jeder seine Fehler selbst erkennen und verbessern kann, ist man nicht auf die Hilfe von Erwachsenen angewiesen. Der Rechtschreibtrolli (drei Bände) ist erschienen im Beltz Verlag, Weinheim.

Postmeyer Bernard, Leicht und gerne lernen, Echter Verlag.
Dieses Buch will Schülern Mut machen bei der Bewältigung schulischer Aufgaben, in ihnen Selbstvertrauen wecken, um sich besser zu behaupten (ab 12 Jahren).

Schiefer/Halbritter, Wer abschreibt, kriegt 'ne 5!, Verlag Bärmeier & Nikel.
Ein Schmunzelbuch zum Schummeln in der Schule . . .

Schindler Edith, Wenn ich großen Hunger hab, fang ich an zu kochen.
Rezepte und Geschichten für Kinder in der Küche. In diesem Koch-Bilderbuch werden Rezepte vorgestellt, die jedes Kind leicht begreift. Ein Kochbuch, aber kein Lehrbuch, sondern ein "Lust"-Buch für Kinder, die gerne kochen. (Auf der Auswahlliste zum Deutschen Jugendbuchpreis!) Erschienen im Beltz Verlag, Weinheim.

Schneider Tom, Wir sind fit!, Ravensburger Taschenbücher, Otto Maier Verlag.
Ein Fitnesstraining mit vielen Spiel- und Übungsideen. Dieser Spaß am Training läßt sich auch auf ein geistiges Fitnesstraining übertragen (ab 10 Jahren).

Schneider-Lexikon, Detektiv-Lexikon von a – z, Schneider-Buch.
Ein Lexikon für Krimi-Fans (ab 12 Jahren).

Sedgwick Ursula, Spaß am Kochen und Backen, Tessloff Verlag, Hamburg.
Viele herrliche Anregungen für Jungen und Mädchen, selbst einmal einfache und leckere Gerichte zuzubereiten (ab 9 Jahren).

Seymour Simon, Schau genau, Herder Verlag.
Augenspiele mit optischen Täuschungen. Schüler lernen hier in unterhaltsamer Weise, den Dingen auf den Grund zu sehen (ab 11 Jahren).

Studienhaus St. Blasien, Immer dieser Zirkus mit dem Lernen I.
Eine Cassette mit Lösungsstrategien bei Hausaufgabenproblemen. In bunten Zirkusnummern stellen Lerntiere in Aktion und ein Clown viele Lerntips vor. (Ab 9 Jahren)

Studienhaus St. Blasien, Immer dieser Zirkus mit dem Lernen II.
Eine Cassette mit Tips zur Klassenarbeitsvorbereitung. Lerntiere, Clown und Dompteur bieten Tips und Tricks voll Spaß und Spannung, wie man Klassenarbeiten richtig vorbereitet und Prüfungsangst vermeidet. (Ab 9 Jahren.)

itte fordern Sie kostenlos
nd unverbindlich Katalog
nd Informationsmaterial an

laterialien ir rationelleres ernen

Jbungsprogramme ur Konzentrations- örderung

erntechnikseminare nd Ferienkurse ir Schüler

Venn die Antwortkarten
ereits herausgetrennt sind,
chreiben Sie bitte
der rufen Sie kurz an:

Studienhaus St. Blasien

ans-Thoma-Weg 4
ostfach 1105

9837 ST. BLASIEN

elefon 07672/2289

Senden Sie mir kostenlos und unverbindlich Ihren Katalog und Informationsmaterial.
Ich interessiere mich für: (Gewünschtes bitte ankreuzen)

- O Materialien für rationelleres Lernen
  (Cassetten, Karteien, Trainingsprogramme, Lernzubehör)
- O Übungsprogramme zur Konzentrationsförderung
  (Konzentrationstraining und Autogenes Training für Schüler)
- O Lerntechnikseminare und Ferienkurse für Schüler
  - O Inland
  - O Ausland

Bitte tragen Sie Ihren Namen und Ihre Anschrift auf der Rückseite ein

Senden Sie mir kostenlos und unverbindlich Ihren Katalog und Informationsmaterial.
Ich interessiere mich für: (Gewünschtes bitte ankreuzen)

- O Materialien für rationelleres Lernen
  (Cassetten, Karteien, Trainingsprogramme, Lernzubehör)
- O Übungsprogramme zur Konzentrationsförderung
  (Konzentrationstraining und Autogenes Training für Schüler)
- O Lerntechnikseminare und Ferienkurse für Schüler
  - O Inland
  - O Ausland

Bitte tragen Sie Ihren Namen und Ihre Anschrift auf der Rückseite ein

Absender:

Name, Vorname

Straße, Nr.

Postleitzahl, Wohnort

Ferien-Betreuung
ENDRES

POSTKARTE

Bitte frankieren

An das

STUDIENHAUS ST. BLASIEN

Hans-Thoma-Weg 4
Postfach 1105

79837 ST. BLASIEN

Absender:

Name, Vorname

Straße, Nr.

Postleitzahl, Wohnort

Ferien-Betreuung
ENDRES

POSTKARTE

Bitte frankieren

An das

STUDIENHAUS ST. BLASIEN

Hans -Thoma-Weg 4
Postfach 1105

79837 ST. BLASIEN